国立大学法人の形成

大崎　仁

東信堂

はしがき

我が国に想像を絶する大きな惨禍をもたらした東日本大震災は、国の知的基盤としての国立大学の責務を関係者に再認識させる大きな契機となった。本年6月22日に国立大学協会が発表した「国立大学の機能強化─国民への約束（中間まとめ）」にも、そのことがよく表れている。「国立大学法人第一期目標期間の検証を踏まえて、国立大学の役割、機能の強化を検討した中間まとめ」とのことであるが、東日本大震災に直面した大学人の決意表明ともいえるものであり、基調となる考えは次の一文によく表われている。「国立大学が一つの『有機的な連携共同システム』として総力を結集して、人類の課題に真正面から取り組んで、新たな学術知の創出を図り、大震災からの再生と継続的な成長発展のために先頭に立って、危機対応も含めたあらゆる場面で国民の負託に応えていくことを社会的責務とし、共通の方針とする。」

本書のテーマである国立大学法人の形成は、市場原理重視の構造改革の流れに押されて進められた。そのせいかどうか、法人化以来、国立大学の経営体としての側面が重視され、個々の大学の経営努力が評価される一方、国立大学が全体として担うべき公共的責務に対する認識が薄らいできた観がある。国立大学が保持すべき強い公共性に対する認識の劣化は国立大学の劣化を招き、国立大学の劣化は、各方面の人材の劣化ひいては国力の低下につながる。現在国立大学の管理運営の枠組みとなっている国立大学法人制度は、大学の自主的運営の基盤と行政改革の手段という二つの性格を併せ持つ複雑な制度であるが、今後予想されるこの制度とその運用の見直しが、国立大学の強い公共性の発揮を助長する方向で行われることを心より期待したい。

国立大学法人法（平成15年法律112号）の制定により、全ての国立大学は、2004（平成16）年4月、一斉に国立大学法人に移行した。国立大学法人法による国立大学法人制度の創設は、国立大学の在り方の基本に係る大変革である。一国の大学制度に係るこのような重要な変革は、本来、大学令制定の際の「臨時教育審議会」、敗戦後の大学改革の際の「教育刷新委員会」に相当する審議機関で、論議を尽くして実施されるべき性格のものである。それが、国立大学法人制度については、行政改革のツールである独立行政法人制度の国立大学への適用の是非ということから検討が始まり、紆余曲折を経て制度の創設に至る異例の過程をたどった。そのため、その形成過程には見えにくいところが少なくない。

本書は、国立大学にとって重要な意味を持つこの国立大学法人制度が、なぜ、どのようにして形成されたのか、誰かが検証し、記録に留めなければという思いで取り組んだ成果である。国立学校財務センター在職中に組織した「国立大学法人制度研究会」に、この制度の創設過程で重要な役割を果たされた諸先生をお招きし、お話を伺い、質疑に応じていただいたが、執筆に当たっては、その時のご教示が大きな支えとなった。お話の一部は、お許しを得て本書に引用させていただいた。ここでお一人、お一人のお名前を挙げることは差し控えるが、この機会に改めて深く感謝申し上げたい。行政改革会議の議事録等関係文献は、できる限り渉猟したが、特に国立大学協会の資料集「国立大学法人化の経緯と国立大学協会の対応」には、大変助けられた。

客観的検証・解明に努めたつもりではあるが、思い違いや不十分な点も少なくないと思う。特に、重要な各局面でベストを尽くされたであろう当事者の方々のご努力を、正当に評価していないのではないか心配である。礼を失するところがあればお詫びしたい。

本書は『ＩＤＥ　現代の高等教育』に「国立大学法人の形成」と題して9回にわたり連載した（２０１０年4月号から12月号までと２０１１年2―3月号）ものに補筆して、10章構成とし、これに序章、終章を付け加えたものである。なお、読者の便宜のため、巻末に、国立大学法人法に独立行政法人通則法の読替準用規定を組み込み、衆参両院の付帯決議を関係条文の後に付したものを資料として付け加えた。

『ＩＤＥ』誌の刊行を中心とするＩＤＥ大学協会の活動は、筆者の大学研究の大きな支えであり、この機会に、関係の諸先生、特に、『ＩＤＥ』誌への連載と本書の刊行にご尽力いただいた天野郁夫東大名誉教授に厚くお礼申し上げたい。

最後に、本書の刊行を御快諾いただいた東信堂社長下田勝司氏に深く感謝申し上げる次第である。

平成23年9月1日

国立大学法人の形成◎目次

国立大学法人の形成

序章　国立大学法人とは何か

1　国立大学法人制度の創設

２００４（平成16）年４月１日、国立大学は新たに創設された国立大学法人制度へ一斉に移行した。国立大学法人法（平成15年法律１１２号）の制定によるものである。国立大学法人制度の創設は、国立大学の管理システムの根本的変革であり、国立大学発足以来の大変革である。

国立大学の管理システムの改革は、敗戦後の大学改革の中で、米占領軍が米国州立大学をモデルとする管理システムの導入に失敗して以来の難問である。占領軍の大学法試案（いわゆる理事会法案）撤回とその後の国立大学管理法制化の度重なる挫折、大学紛争解決のための「大学の運営に関する臨時措置法」制定をめぐる激動、大学紛争後の大学改革のモデルを目指した筑波大学創設の政治問題化などを考えると、これだけの大変革が、さしたる波乱なしに実現したことは大きな驚きであった。急激な社会・経済の変化と私学中心の大学の大衆化の進行が、国立大学の社会的影響力・発言力を低下させたことが根底にはあると思うが、国立大学の「法人化」が何を意味するか、関係者にも一般国民にも理解し難かったのも一因であろう。

国立大学が法人になること自体大きな変革ではあるが、欧米諸国の国公立大学のほとんどは法人格を持っているし、日本でも国立大学の法人化は、大学の社会に開かれた自主的・自律的運営を促進する有力な方策として、中央教育審議会や臨時教育審議会で論議されてきた課題である。

問題は、国立大学法人制度の創設が、大学に適した法人形態を求めるそれまでの流れと関係なく、行政改革の手段としてつくられた独立行政法人制度を、国立大学にも適用しよう、という動きから始まったところにある。

独立行政法人制度は、英国のサッチャー政権が、政府の公共サービスの効率化のため考案した「エージェンシー」という組織モデルをヒントにしてつくられたものである。ちなみにエージェンシーは、大学とは無縁な行政組織である。出来上がったものは、エージェンシーとはかなりかけ離れたものとなったが、エージェンシーの遺伝子は受け継がれており、主務大臣による目標設定とその達成度評価を柱とする新奇な法人制度となった。そのような法人制度を国立大学に適用するというようなことは、あり得ないはずであるが、行財政改革、構造改革の激流の中で、それが現実の課題となった。

国立大学法人制度は、独立行政法人制度に大学の自主性を尊重する観点から修正を加えることにより創設された制度である。かなりの修正が施され、別種の法人として創設されたとはいえ、独立行政法人制度の基本的骨格は受け継がれており、それが国立大学法人制度を、国際的に類例のないものとした。

2　国立大学法人化の意味

国立大学の法人化の検討が進んでいたころ、それを国立大学の私学化と受け止める人が少なくなかった。法人になるということは、国の行政組織から離れて独立した権利・義務の主体となるということであるから、そのように考える人がいたのも不思議ではない。しかし法人というのは、権利・義務の主体となる資格（法人格）を認められた社会的存在の総称に過ぎない。法人化が具体的に何を意味するかは、法人化される社会的存在の性格とそれを法人化する法律の内容によって決められる。

国立大学法人の場合、個々の国立大学法人は、それぞれが設置する国立大学とともに国立大学法人法により創設されている（4条、別表1、付則3条）。法律で個別に創設されたということは、国立大学法人・国立大学が国家の意思・国民の意思で創設されたということである。私学化とは無縁であり、国立大学の国家機関性は明白である。

法人化が国家機関性を損なうものでないことは、欧米の国公立大学のほとんどが法人格を有していることからも明らかである。

例えばドイツの高等教育機関大綱法では、「高等教育機関は、通常公法上の社団法人であり、同時に国の機関である。（中略）高等教育機関は、この法の枠内で自治権を有する」（58条1項）と規定して、大学が法人であると同時に国家機関であることを明示している。

欧米諸国はじめ多くの国で国公立大学に法人格を付与しているのは、それぞれの歴史的沿革によるものであるが、共通の理由は、高度な教育・研究の担い手である大学の自主性尊重、大学自治の尊重ということであろう。前掲のドイツの大綱法が高等教育機関の自治権を認めているように、多くの国が、法律で、大学が自治的な機関であることを認めている。米国のカリフォルニア大学が、州政府のみならず、州議会からの独立性も保障するため、州憲法で法人格を付与され、設置されているのもその好例である。

大学の自主性尊重と並んで重要な法人化の理由は、大学を事業体として運営しやすくすることである。法令準拠、指示・命令を中軸とする一般行政機関・組織の運営ルールが、事業体としての大学の運営に適さないことは明らかであり、大学を法的に国と別組織にするのは自然な対応といえる。日本では国立大学法人制度がつくられるまで、国立大学に法人格は与えられなかったが、行政組織の枠内で特別の配慮や特例の設定がなされていた。

教学面では、国は大学の自治・自主性を最大限尊重して、教育・研究の内容には干渉せず、教育公務員特例法を制定して教員人事の大学自治を保障した。しかし、業務の運営面では、国立学校特別会計の設定や奨学寄付金経理の学長委任など、一定の配慮は払われていたが、基本的には一般行政組織と同じ法令・ルールが国立大学にも適用された。この教学面の自治尊重と業務面での行政管理という二元的管理体制が、長く日本の国立大学の運営を支えてきた。

このような大学の管理運営体制に対して、学内からは細部にわたる規制に対する不満、学外からは社会の多様な要請に適切に対応できない硬直した運営に対する批判が次第に増大し、国立大学の法人化を求める底流となっていた。

国立大学の法人化には、このような不満、批判に応えて大学の運営の自由度を広げ、自主性・自律性を高める法人化本来の意味がもあることはもちろんであるが、国立大学法人制度には、目標管理など英国等で試みられてきたニュー・パブリック・マネジメントの手法が組み込まれている。市場原理を重視する新自由主義的改革の波は、多かれ少なかれ先進諸国の大学政策に影響を及ぼしているが、大学法人制度にそのようなシステムを内蔵させたのは、おそらく日本だけであり、そこに国立大学法人制度による法人化の特別な意味がある。

3　国立大学法人の特色

国立大学法人の第一の特色は、学長への権限集中である。

英米系の大学では理事会が法人の最高機関であり、学長は理事会により選任されて大学を運営し、理事会に対して責任を負う。ヨーロッパ系の大学では、大学自体が法人であり、学長が法人の長であるが、経営面では政府の権限が大きく、学内の意思決定についても、学内の合議制機関の決定が学長を拘束する場合が多い。

それに対して国立大学法人では、法人が大学を設置運営する形態であるにもかかわらず、学長が法人の長であり、法人運営全般にわたって、最終決定の権限を有している。国立大学法人では、政府から使途を限定しない運営費交付金が基盤的資金として交付され、教職員は非公務員化されていて、法人が裁量できる範囲は大きい。学内予算の編成・執行も教職員人事も、一定の制約はあるが、学長の裁量に委ねられている。学内の意思決定は、役員会が決定機関であるかのごとき運用が一般化しており、妥当な慣行と思うが、国立大学法人法で役員会という合議機関が置かれているわけではなく、役員会の審議が法的に学長の決定を拘束するわけでもない。学長以外の役員会のメンバーは、全員が学長の補佐役として学長が任命した理事であり、役員会は学長を中心とする幹部会とでもいうべき性格のものである。法定の学内機関である教育研究評議会と経営協議会は、いずれも学長が主宰する学長の諮問機関であり、学長の決定を拘束する権限はない。学校教育法で必置機関とされている教授会の法人・大学運営における位置づけも明らかではない。学内で学長から独立して活動できるのは、学長の選任・解任の権限を持つ学長選考会議と業務の監査に当たる監事だけである。

国立大学法人の学長がこのように強大な法的権限を持つ理由は、日本独特の強固な教授会自治の是正と大学運営の責任体制の明確化のためということであろうが、同時に独立行政法人制度の影響が大きいと思われる。独立行政法人制度のヒントとなった英国エージェンシーの基本的考え方は、事業組織の長に適任者を選び、その長に目標を示して大きな権限を与え、自由に手腕をふるわせて結果責任を問うというものである。トップの強力な権限はその基本的要素であり、それを大学に当てはめれば、学長への権限集中ということになる。

国立大学法人制度のもう一つの特色は、やはり独立行政法人制度から受け継いだ目標管理である。主務大臣による中期目標の指示―目標達成のための中期計画の認可―目標達成度の評価―評価に基づく措置というサイクルによる目標管理は、「事前規制から事後チェックへ」というニュー・パブリック・マネジメントのスローガンの具体化であり、独立行政法人制度の柱である。独立行政法人制度の国立大学適用をめぐる論議における最大の問題は、このような目標管理が大学に適するかという点にあった。結局、中期目標の策定に当たって、国立大学法人の意見に配慮することを文部科学大臣に義務付けることで、目標管理のシステムは国立大学法人制度に取り入れられた。

大学評価は多くの国で様々な観点から行われているが、中央省庁が大学運営全般について目標を示し、その達成度を評価するという形での大学評価は他国に例を見ない。

4 検証の必要性

すでに述べたように、国立大学法人制度の創設は、国の行政組織改革の一環として考案された独立行政法人制度を国立大学に適用しようとする動きから始まった。独立行政法人制度を設計した行政改革会議は、「大学改革は長期的に検討すべき問題であり、独立行政法人化もその際の選択肢の一つとなり得る可能性はあるが、現時点で早急に結論を出すべき問題ではない」と結論付けている。それが、なぜほとんど間を置かず現実の課題となり、国立大学法人制度の創設にまで至ったのか。その過程にはよくわからないところが多い。独立行政法人制度に大学の視点から修正を加え、紆余曲折を経てつくられた国立大学法人制度は、これまで概観してきたことからも窺えるように、複雑な要素を包摂した特異な制度である。

それを正確に理解し問題点を探求するためには、なぜ、どのようにして、このような制度が形成されたのか、その過程を解明することが不可欠の課題と考える。以下、順を追って国立大学法人制度の形成過程を検証してゆきたい。

第1章　法人化前の管理体制と法人化論

1　学内管理体制の原型

日本の本格的近代大学の歴史は、初代文部大臣森有礼による帝国大学の創設に始まる。帝国大学の創設を定めた帝国大学令（明治19年勅令3号）は、「帝国大学総長は文部大臣の命を承け帝国大学を統括す」（同令6条）、「分科大学長[1]は帝国大学総長の命令の範囲内に於て主管分科大学の事務を掌理す」（同令12条2項）と規定し、トップダウンの行政組織原理を大学に持ち込んでいた。

これに対する学内外の批判は強く、大学独立論が盛んに唱えられ、帝国大学を政府部内より分離し皇室の権威の下で法人とする案が、かなりの現実味を帯びて策定されている。[2]しかし、この日本最初の国立大学法人化の動きは、実を結ぶには至らなかった。

帝国大学の組織を自治的に再編制し、国立大学管理の原型を構築したのは、井上毅文相による改革である。改革は、「帝国大学令改正」（明治26年勅令82号）と「帝国大学官制」（明治26年勅令83号）

の制定によってなされたが、主な改正点は次の4点である。

（1）文部大臣と総長間、総長と分科大学長間の関係を、命令・服従関係から監督・被監督関係に改めた。（同官制2条1項、10条2項）。

（2）全学的審議機関である評議会について、構成員の名称を評議官から評議員に改め、その半数を文部大臣任命から各分科大学教授の互選に改めるなど、その学内機関性を明確にした。同時に、審議事項を具体的に列挙し、文部大臣への建議を認めるなど、その権限・機能を強化した。（改正令6条、7条、8条）。

（3）各分科大学に教授を会員とする教授会を設けた。（改正令14条、15条）

（4）総長に高等官（教授・助教授）の進退について文部大臣への具状（申出）権を、判任官（助手以下）の進退について専決権を認めた。（同官制2条2項）。

この改革により、分科大学（大正7年の大学令以降、学部となる）の代表で構成される評議会と、分科大学教授全員参加の教授会を軸とする、自主的学内管理体制が確立し、また総長の学内人事権も制度化されたことになる。この構造が、国立大学の学内管理体制の原型となった。

2　日本的大学自治の形成

この管理体制のもとで起きた二つの事件、東京帝大における「戸水事件」と京都帝大における「澤柳事件」により、日本的大学自治の原型が形成される。

日露戦争当時、東京帝大の戸水寛人法科大学教授が、政府の方針に反して対ロシア強硬論を唱え続けたため、１９０６（明治39）年、政府は戸水教授を休職処分にした。これに対し法科大学を中心とする全学の教授が、学問の自由、大学の独立を侵すものとして激しく抗議した。山川健次郎総長は、自分が具状していない休職処分を受け入れた責任をとって辞職し、処分を行った久保田譲文相が辞職、戸水教授は復職して事態は収拾された。これが「戸水事件」である。[3] この事件を通じて、前述の総長の具状権について「総長の具状（申出）なしには、文部大臣は教員人事を行えない」という解釈が確立したことになる。

１９１３（大正２）年、元文部次官で、東北帝大初代総長の職にあった澤柳政太郎が京都帝大総長に就任した。澤柳総長は就任後間もなく、大学教授に不適任という理由で7人の教授に辞表の提出を求め、文部大臣に具状して依願免官とした。法科大学は、該当者はいなかったが事態を重視し、全教授・助教授連名の意見書を提出して、総長に強く抗議した。「総長が教授の進退を専断で決めるのは、学問の進展に不可欠な学問の自由を危うくする。学者の能力と人物は、学術の優劣と研究心の厚薄で判断すべきであり、これは同僚である学者しかできない。従って、教授の進退は教授会の意見を重んじ、教授会の同意を得て行うべきである」。これが意見書の趣旨である。

激しい抗議の結果、澤柳総長は辞職し、文部省は「教官の任免に付き、総長がその職権の運用上、教授会と協定するは差し支えなく妥当なり」との見解を発表した。法科大学の主張が通り、教員人事の実質的決定権が教授会にあることが、認められたことになる。[4]

京都帝大では、後任総長について、文部大臣が自らの考えで選任する方式を改め、学内の公選に基づき任命するよう要請した。これはすぐには実現しなかったが、1918（大正7）年の大学令制定のころには、この要求も容認されている。戦前に文部省内で編纂された『明治以降教育制度発達史』は、この間の事情を次のように記述している。[5]

「大学令制定のころより帝国大学総長候補者は各大学に於てこれを選挙することとなった。（略）もちろん官制の上に選挙のことなど少しも認められて居るのではないが、政府に於ても内々之を認め事実上必ず当選者を任命することと為して居るのである。其他官制上文部大臣が教官中より補する学部長、付属医院長の如きものも皆事実上学内の選挙に依ることとなった。」

日本の大学自治の原型はこうして形成された。その基本は、教授全員が参加する学部教授会の決定を、教員人事はじめ大学の管理運営の基盤とするところにある。全学的事項を審議する評議会は、各学部教授会代表による調整機関であり、総長・評議会が学部教授会の意に反して学部の運営に干渉することはない。大学の長である総長は全教授の選挙によって選ばれ、学部の長は学部教授会における選挙で選ばれる。日本の大学自治が、教授会自治と言われた由縁である。このような強固な教授会自治は、法人格を持つ欧米の国公立大学にも例を見ないが、以後長く日本の大学管理の指導理念となる。

３　占領軍の大学管理構想の挫折[6]

第二次世界大戦後、日本を間接統治した連合軍総司令部の教育担当部局ＣＩＥ（Civil Information and Education）は、このような大学自治の在り方に批判的であった。国立新制大学の発足前年の１９４８（昭和23）年、ＣＩＥは文部省に、それまでの日本の大学自治と全く異なる、新たな国立大学管理制度の構想を提示し、「大学法試案要綱」として公表させた。構想の中心は、各大学に、大学管理の最終意思決定機関として、国家代表、都道府県代表、同窓会代表、教授会代表及び学長で構成する管理委員会を置くことにある。管理委員会は学長を選任し、大学運営の権限・責任を学長に委任する。学長は管理委員会に対して直接、責任を負う。大学に法人格を与えることは明示していないが、管理委員会の権限・機能は法人格を持つ米国州立大学の理事会（board of trustees）に酷似する。当時「大学法試案」が「理事会法案」と呼ばれたのも、この構想の本質を捉えてのことであり、実質的には米国州立大学モデルによる国立大学法人化構想である。

大学関係者、関係団体は、日本の大学自治と１８０度発想を異にするこの構想に一致して反対し、学生の反対運動も大きな盛り上がりを見せた。その結果、ＣＩＥもこの構想を断念するに至った。占領軍の高等教育政策初めての挫折である。

なお、大学法試案にはもう一つの柱があった。国公立の学長と私立の学長がそれぞれ選挙で選ぶ、学長代表や国会の承認を得て文部大臣が任命する有識者等で構成され、政府・文部省の大学政策・行政に対し勧告権を持つ「中央委員会」の設置である。興味深い構想であるが、管理委員会反対の渦の中で、ほとんど検討されなかった。

4　国立大学管理法案不成立

文部省は、大学法試案構想の挫折を受けて、大学関係機関・団体からの推薦者を網羅した「大学管理法起草協議会」を発足させ、この協議会の答申に基づく国立大学管理法案を、1951（昭和26）年、第10回国会に提案した。水谷文部政務次官は、この法案の提案理由説明において、「大学の自治の尊重と、大学行政への民意の反映という二つの目標をわが国の実情に即して最も合目的に調和せしめることが、この法律の根本精神であります」と述べている。

起草協議会の委員長を務めた我妻栄東大法学部教授は、参議院文部委員会の参考人として「国立大学審議会が、政府即ち文部大臣の権限を調整して、大学に対する官僚的統制の弊を防いでいるということ、それから各大学の行政の中核を評議会と教授会に置いているということ、この二つが大学の自治の尊重のために考えられている制度であります。各大学に置かれる商議会に三分の二以上の学外者を加えて、その意見が当該大学の管理に反映するようにしてあること、それから国立大学審議会のメンバーに学識者を入れておるということ、この二つの点が民意の反映という働きをするのであります。」という趣旨の説明をしている。

「評議会と教授会を大学行政の中核とする」伝統的大学自治を維持しつつ、「国立大学審議会」と「商議会」により民意の反映を保障するという構想である。「国立大学審議会」は大学法試案の「中央審議会」に相当する。しかし、「商議会」は大学の意思決定機関である大学法試案の「管理委員会」とは異なり、学長の諮問機関に過ぎない。「管理委員会」を権限の弱い「商議会」に変えることで、関係者の合意が一応成立したわけである。

各方面の意見を集約して提案されたにもかかわらず、この法案は第10回国会では成立せず、第11回国会、第12回国会と継続審議となり、ついに廃案となった。文部省としては、自らの権限を制約する国立大学審議会は好ましいものではなく、大学にとっては、学外者を入れた商議会は望ましいものではない。日教組や全学連は、大学運営への助教授・助手の参加が保障されず、職員・学生の参加が認められないとして反対していた。この法案は積極的な推進力を欠いていたのである。

5　日本的大学自治の継続

国立大学管理制度の構築が迷走を続ける中、一方で伝統的大学自治を保障する法制が整備されていった。

第1は、憲法による大学自治の保障である。新生日本の基本構造を確立した日本国憲法は、第23条で「学問の自由は、これを保障する。」と定めているが、この規定は、学問の自由の制度的保障としての大学自治も保証したものと解されている。最高裁判所も、「ポポロ座事件」の判決において、「大学における学問の自由を保障するために、伝統的に大学の自治が認められている。（略）大学の学問の自由と自治は、大学が学術の中心として深く真理を探求し、専門の学芸を教授探求することを本質とすることに基づく…」と判示し、学問の自由の保障が、大学の自治の保障に及ぶことを認めている。

第2は、学校教育法（昭和22年法律26号）による大学法制の整備である。学校教育法は、大学が「学術の中心」であることを明示し（旧52条、現83条1項）、学問の自由の保障が、特に大学における学問の自由の保障であるという解釈を法的に裏付けている。また、重要事項の審議をする教授会を、大学必置の機関として法定し（旧59条、現93条）、教授会が大学自治の重要な担い手であることを明示した。

第3は、教育公務員特例法（昭和24年法律1号）の制定により、それまでの大学自治による教員の人事の慣行を法制化したことである。国立大学の管理制度が法制化されていないため、人事の決定に係わる機関を「大学管理機関」と規定し、付則で「当分の間」条文ごとに学長、評議会または教授会に読み替えるという、変則的法制となった。なお、学長と教授会は、学校教育法に根拠規定があるが、「評議会」については法的根拠がないため、文部省令で暫定的に設置するという異例な措置が取られた。この暫定措置は、法人化直前、国立学校設置法の改正により評議会が法制化されるまで、50年以上継続することになる。

これらの大学自治関連の法制整備は、基本的にそれまでの日本的大学自治の継続を是認し、保障するものである。国立大学の管理法制が未整備のまま、戦前帝国大学において形成された大学自治の慣行が戦後の新制国立大学の管理に引き継がれたといえる。

一方財務面についても、国立学校特別会計法（昭和39年法律55号）が制定され、寄付金の経理の学長委任、附属病院施設等整備のための借入金の容認、剰余金の施設費充当等、一般の行政組織に比べて、かなり柔軟な財務運営が可能となった。こうして国立大学の自治的管理運営体制は、それなりに安定したものとなった。

6　大学紛争と法人化論の浮上

伝統的な国立大学の自治を大きく揺り動かしたのは、１９６０年代後半の大学紛争である。学生による授業放棄、大学施設の封鎖・占拠、大衆団交の強要など異常な状況が長期化する中で、有効な対応ができない大学に対して、各方面から批判が集中した。かつてない激しい大学紛争が、大学管理の問題を大きくクローズアップしたのである。

各方面から大学改革の提言が相次ぎ、論点は国立大学の設置形態の変更にまで及んでいった。その中で、文部省の中央教育審議会が、昭和46年の「教育改革のための基本的施策」の答申、いわゆる「四六答申」の中で、国・公立大学の法人化を提言する。政府の機関として初めての国立大学法人化論である。

答申の要点は、「政府は大学の設置者として管理の権限と責任があるが、大学の自治を尊重すると大学に指示命令ができない。それでは大学が責任を負うかというと、慣行によるところが大きい大学自治のシステムでは、大学の責任体制がはっきりしない。公的性格を持つ新しい法人とするか、学内に強力な管理機関を作るか大学に選択させるようにしたらどうか」ということである。

文部省の大学関係部局や大学関係者は、これを一つの理論的提言と受け止め、現実の政策の指針とは考えなかった。政府は国立大学管理制度を一律に改革する政策をとらず、個別大学の自主改革の促進、そのための制度の弾力化と財政支援を基本方針とした。大学改革のモデルとなる新構想大学として創設された「筑波大学」も、法人形態はとっていない[7]。

しかし、中教審が国公立大学の法人化を提言したことは、その後の政策形成に影響を及ぼすことになる。文部省の審議機関である中教審の答申は、文部省の方針を反映したものと一般に受け止められたからである。それが端的に表れたのが、臨時教育審議会の審議である。

7　臨時教育審議会の法人化論

臨時教育審議会は、時の中曽根首相のイニシアチブで、教育改革推進のため設置された首相直属の審議機関である。

臨時教育審議会では、国立大学の法人化を正面から審議の対象に据えた。臨教審の委員にしてみれば、すでに中教審から基本的方向が出されている課題である。その実現を改革の重要な柱に据えるのは当然という感じであった。国立大学の法人化が初めて現実の政策課題として取り上げられたわけである。

しかし、臨教審は1987（昭和62）年の第3次答申で、国立大学の法人化を中長期的検討課題とし、当面の改革のテーブルには載せないこととした。その理由は次の記述から明らかである。

「国立大学については、その組織・運営に改革・改善すべきところが少なくなく、ことに各大学の自主・自律性の確立、社会に開かれた活動の展開の必要が以前から指摘され、現行の国立大学という設置の形態を改めるべきであるとする提案が各方面から行われている。本審議会は、これらの提案を受けとめ、国立大学に公的な法人格を与え、特殊法人として位置づける可能性について具体的な検討を重ねてきたが、国の関与の在り方、管理・運営の制度、教職員の身分、処遇上の取扱い、現行の設置形態からの移行の措置など、諸般にわたって理論・実際の両面にわたり考慮すべき事項が多く、その解決のためには、さらに幅広く、本格的な調査研究を必要とするという結論に到達せざるを得なかった。」「現行の特殊法人の在り方は、それ自体としては、大学に必ずしも適しないといわなければならないが、（略）新たな特殊法人として大学にふさわしい形態を模索することは不可能ではなく、政府および大学関係者が、（略）新たな設置形態の創造のため、中長期的にさらに積極的な調査検討を進め、深めることを強く要請する。」

臨教審の答申は、結局、従前の設置形態を前提としたものとなり、大学改革は、この答申に即して、大学設置基準の大綱化、大学院の重視、大学の自己評価と情報公開、そしてその具体策を策定する大学審議会の活動を軸として推進されることとなった。[8]

以後、独立行政法人化の問題が浮上するまで、国立大学の法人化が現実の政策課題となることはなかった。

〈注〉

1　当初帝国大学の構成単位は「分科大学」であり、それが「学部」に変わるのは、大学令（大正7年勅令388号）の制定に伴う帝国大学令の改正からである。

2　寺﨑昌男『増補版　日本における大学自治制度の成立』（評論社　2000年）2章6節「大学および内閣における大学自治諸案」参照。

3　戸水事件については、東京大学百年史編纂委員会『東大百年史 通史二』（東京大学 １９８５年）１６１～１７１ページ参照。

4　澤柳事件については、京都大学百年史編纂会『京都大学百年史 総説編』（京都大学後援会 １９９８年）２１２～２３３ページ参照。

5　文部省内教育史編纂会『明治以降教育制度発達史』５巻（龍吟社 １９３９年）４９１ページ。

6　この項および次項の記述については、大﨑仁『大学改革 １９４５～１９９９』（有斐閣 １９９９年）第Ⅰ部第９章参照。

7　大学紛争後の大学改革については、同上書第Ⅱ部第５章参照。

8　臨教審の答申については、同上書第Ⅱ部第７章参照。

第2章　独立行政法人制度の創設

1　エージェンシー化の公約

国立大学法人化の引き金となったのは、前章で紹介した法人化論の流れとは全く異なる文脈で浮上した「独立行政法人制度」の創設である。独立行政法人の構想は、1996（平成8）年、第2次橋本内閣が総理大臣直属の機関として設置した「行政改革会議」（以下「行革会議」と略称する）が提言したものであるが、全く新しい制度が、唐突に提起された感じがあった。行革会議の事務局に参加していた三辺夏雄横浜国立大学教授は、ジュリストの座談会で「そもそも、この独立行政法人という全く新しい考え方は、行政改革会議では、ほとんど皆さんにイメージがなかった。事務局でもイメージをつくるのにかなり苦労したのです」と語っている。[1]

実は、行革会議上層部は、行革会議スタートの時点で、すでに独立行政法人的制度の創設を考えていた。直前に行われた総選挙で、自由民主党が、中央省庁の執行部門を「エージェンシー化」するという公約を掲げていたからである。行革会議事務局で独立行政法人制度の設計に中心的役割を果たした鈴木俊彦氏は、行革会議事務局に出向した際、事務局幹部から「エージェンシー」を「もの」にしてくれといわれたという。[2]

この総選挙では、住専問題、薬害エイズなどに対する国民の批判と行政不信の高まりを背景に、各党は競って中央省庁の再編、霞ヶ関改革を公約に掲げて選挙を戦った。自民党は選挙公約の中で、「日本を元気にするための行政改革―霞ヶ関改革―を断行します」のタイトルの下に、国の役割のスリム化、規制緩和などとともに、「中央官庁の制度執行部門のエージェンシー化」を掲げた。

「(9) 中央官庁の制度執行部門をエージェンシー（外庁）化することにより効率的な行政システムを実現します。

中央官庁がこれほどまでに肥大化した背景には、政策の立案機能と制度の執行機能とが同居一体化していることも原因となっています。そこでこの両機能を分離し、制度の執行を担当する部分はエージェンシー化し、政策の立案を担当する部分のみを内局に止める方式を検討します。

エージェンシーの長は、同じ系統の政策立案事務を統括する大臣によって民間人を含む人材の中から任命され、大臣の定める大枠のルールと予算の中で、人事、日常業務などについて大幅な自主性を与えられて業務の執行に当たります。（略）これらのエージェンシーの業種は、その効率性が基本的に問われ、民間企業と比べて効率的かどうか、民営化されるべきではないかなどについて不断に国民と国会によってチェックされ、スリム化に努めざるをえないことになります。」

この公約は、柳沢伯夫氏はじめ行政改革に熱心な自民党議員が、イギリスの行政改革の状況を視察し、イギリスの「エージェンシー」を日本に取り入れられないかと考えたのが契機になったといわれる。

2 エージェンシーとは

自民党の公約を受けて行革会議が取り上げた「エージェンシー」とは、サッチャー首相の効率化顧問ロビン・イブズ卿（Sir Robin Ibbs）が1988年に提出した、「ネクスト・ステップス」報告（Improving Management in Government）において提言されている組織モデル、「ネクスト・ステップス・エージェンシー（Next Steps Agencies）」のことである。公式には、「エグゼキュティブ・エージェンシー（Executive Agencies）」という。

イブズ報告は、国の行政機構について「公務員の95％がサービス業務に従事しているのに、上級公務員はサービス業務の経営や経験に乏しく、これを軽視している」と問題点を指摘し、改善策として、「各省庁が設定する政策と資源の枠内で、政府の執行機能を遂行する『エージェンシー』が、創設されるべきである。エージェンシーはその枠内で、できる限り自由に経営できるようにしなければならない」と勧告した。[3] 報告の考え方の核心は、「政府のサービスの受け手、すなわち顧客の要求に焦点を合わせて、サービス供給のシステムと姿勢を変革すべきであり、サービス事業に責任を持つものが、自分の事業という意識を持つことが重要である」いう点にあった。

エージェンシー・モデルを要約すれば、「大臣は、政府のサービス事業を他の行政組織から分離区分し、その事業の責任者をチーフ・エグゼキュティブとして任命し、責任と権限を委譲する。チーフ・エグゼキュティブは、任命される際合意した政策と資源の枠内で、ベストを目指して自由に事業を運営する」ということになる。その背景には、事業の管理者と実施者との間に契約関係を設定することにより、公的部門に市場メカニズムを導入しようとする、ニュー・パブリック・マネジメントの考え方があった。[4] イブズ卿の報告を受けて、まず車両検査業務がエージェンシー化されたが、エージェンシーは、サッチャー政権下ではそれほど普及しなかった。エージェンシー計画を強力に推進したのは、サッチャー政権の後を継いだメージャー政権である。

メージャー政権は、国家に市場を導入することを政策課題として公的部門の民営化を推進し、それが困難な場合には、公的部門内に擬似市場を作り出すことに力を注いだ。エージェンシーは、擬似市場化政策の有効な手段として活用されたのである。その結果、1990年代には、社会保障の提供、刑務所の管理、多くの規制業務、軍関係の調達・支援業務など、多様な形態のサービス業務がエージェンシー化され、メージャー首相が退陣する1997年までに、138のエージェンシーがつくられ、公務員の66%がそこで働くようになっていた。

日本で自民党が、選挙公約に中央官庁の執行部門のエージェンシー化を掲げたのは、メージャー首相退陣の前年、エージェンシー化最盛期のことである。

3　日本版エージェンシー——独立行政法人構想

行革会議の初期、各省庁からのヒアリングが続く中、行政改革担当大臣であり、行革会議の会長代理（会長は橋本首相）であった武藤嘉文総務長官が、英国に出張する。「英国における行政改革の実情、とりわけエージェンシー制度の導入の経緯及びその効果等について調査し、わが国における中央省庁の改革に資する」のが目的であった。調査結果は第14回の会議で報告されたが、内容はもっぱらエージェンシーに関することであり、続く第15回会議で、「中央省庁の在り方及びエージェンシーについて」と題する討議メモが配布された。[5] その要旨は次のとおりである。

《基本的考え方》

①中央省庁は、政策機能の重点化と充実を基本とする。まとまりのある実施業務は、エージェンシーまたは外局として分離する。

②その基本前提として、現行の実施事務を「官から民」、「中央から地方へ」という視点で整理する。

《エージェンシー》
③公共的、公益的な事務・サービスについては、その効率的、効果的な実施のために、可能な限りの自律性を付与し、責任を明確化するため、英国のエージェンシーでとられた手法を参考としつつ、新たな組織の手法導入を検討し、日本におけるエージェンシーと位置付ける。
《外局》
④規制・監督業務等エージェンシーになじまないものも、基本的には本省から分離し、外局として位置づける。

この討議メモと同時に配布された、「中央省庁の在り方及びエージェンシーについて」（イメージ試案）に、「独立行政法人（エージェンシー）」として、初めて「独立行政法人」という名称が使われている。このイメージ試案の説明資料として、「独立行政法人の導入の考え方」と題する文書が配布された[6]。行革会議事務局の独立行政法人制度構想であり、その要旨は次の通りである。

《「政策立案」と「実施」の分離》
①民間に委ねることが可能な場合→民営化。
②民間の自由意志に委ねた場合に必ずしも実施される保証がない（採算性がない等）が公共上の

要請からその存在が必要とされる事務事業→独立行政法人。

③国民の権利に直接影響を及ぼす業務（規制等）→行政機関（外局）

＊現業については、企業的色彩が極めて強いところから、エージェンシーの類型とは別に特殊会社化を検討する必要があるのではないか。

《「実施」に係る組織が確保すべき3つの目的》

①効率性の向上：一定水準の業務・サービスをより少ない費用（コスト）で実現。

②質の向上：目的・性質に応じてより質の高い業務・サービスを実現。

③透明性の確保：明確な基準・手続きにより業務実施・サービス提供、結果を国民の目に見える形で評価。

《独立行政法人の組織・運営の在り方を考えるに当たって必要な3つの視点》

①評価の実施：業務に係る責任の所在を明らかにするとともに、国民の目に見える形で業務の結果について評価し、改善等に結びつける仕組み。

②自律性の付与：組織・運営に関して一定の枠内で自律性を付与することにより、業務の目的・性質に即した効率性や質の一層の向上を可能とする仕組み。

③自発性の付与：経営主体・業務に従事する職員の双方が自発的に効率性・質の向上に努めることが可能となる仕組み（インセンティブの付与）。

日本版エージェンシー構想といっても、イギリスのエージェンシーが、国の行政組織内での独立的業務運営モデルであるのに対し、「独立行政法人」は、業務組織に法人格を付与して行政組織外に出している。またそれが影響してか、「国民の権利に直接影響する業務」を対象から外し、対象業務を限定するなど、エージェンシーとはかなり異質なものになっている。

対象業務を法人化する理由について、鈴木氏は「国の組織としての制約から逃れようとすると、わが国の法体系の下では、国の組織でない組織に移して独立した法人格を付与しなければ不可能というわけです」と語っている。また鈴木氏は「独立行政法人」という名称について、「エージェンシーに代わる命名を部内で募って、「独立行政法人」がいいということで決まった。しばらくしてから、行政法学者の方から、独立行政法人という用語は、田中二郎先生の著書にすでにあるという指摘をうけた。しかし、田中先生は独立行政法人を、国以外の特殊法人など公的法人を総称したものとして書いておられる。概念が全く違います」と回想している。

である。

4　独立行政法人の位置づけ

独立行政法人の制度化の検討は、試案が提示された会議で設置が決まった「機構問題小委員会」に委ねられた。主査は、当時東北大学法学部教授であり、後に最高裁判所判事になった藤田宙靖氏である。

藤田氏は第27回会議に「垂直的減量（アウトソーシング）を巡る問題点」と題する討議資料を提出し、その中で、独立行政法人について「独立行政法人は、今後ともどうしても維持されなければならないサービスであって、しかも国がその維持については責任を負わなければならないものにつき、国家行政の可能な限りでの減量を計る見地から、その受け皿組織として、新たに設けられるべきものである」と述べ、独立行政法人の制度設計の前提として次の3点を指摘している。[7]

①企画・立案機能と実施機能の分離というのは相対的なもので、独立行政法人の中にもサービスの内容に応じた、様々のバリエーションがあり得ることを、当然の前提としなければならない。

②独立行政法人は、機能（ないし作用）の上では国の行政であるが、組織のうえでは、「国の行政組織の外に属する。」そうでなければ垂直的減量の受け皿としての意味がない。従って、その職員の身分も本来国家公務員ではあり得ない。

③独立行政法人は、従来の特殊法人のメリットを拡大し、デメリットを修正したものである。従って、従来の特殊法人は原則的に全て、一定期間内に独立行政法人化するか、或いは民営化され

るべきものである。

藤田氏は後に、独立行政法人が国の行政組織減量の手段であることについて、次のように率直に述べている。

「制度導入の目的が基本的に省庁大括りの前提条件を作るための組織の減量ということにある以上、何よりもまず、その業務分野を国の行政機構（国家行政組織）とは別組織に委ねる……言葉を換えて言えば、とにもかくにも国からは独立の法人格を付与する、ということが、必要最低限の要請になるのである。[8]」

５　行革会議の決定

行革会議は、１９９７（平成９）年９月３日発表の中間報告の別紙２「独立行政法人の制度設計」で、初めてまとまったかたちで、独立行政法人制度の概要を公表した。[9] 内容は、基本的に前述のイメージ試案に沿ったものである。この時点で重要な意味を持ったのが、独立行政法人の対象となる業務についての考え方の提示である。独立行政法人化する業務は、「国が現に実施している事務事業のうち、民営化できるもの及び強度の公権力の行使など国の行政機関が直接実施すべきもの以外のものを対象とする」として、次の要件が示された。

①社会経済・国民生活の安定等の公共上の見地から、その確実な実施が必要とされること。
②国が自ら主体となって直接実施しなければならない事務事業ではないこと。
③民間の主体に委ねた場合には必ず実施されるという保障がないか又は公共的事業として独占して行わせることが必要なものであること。
④独立の組織とするに足るだけの業務量のまとまりがあること。

鈴木俊彦氏は、中間報告後の課題として三つの問題が残ったと回想している。

第1は、独立行政法人の職員の身分をどう考えるか。国家公務員ではあり得ないと考えていたが、労働者側は、「自分たちは国家公務員であり続けたい。それが身分の保障であるとか給与の保障につながる」と主張して、そこが最大の争点になった。

第2は、評価についてで、当時、公的部門の在り方に対して厳しい目が向けられており、評価の仕組みをいかにビルトインするかが最大のポイントだということで議論された。

第3は、何が独立行政法人の対象となるのか、現在各省庁の行っている業務から何を切り分けて独立行政法人にもっていくか。これは、独立行政法人を巡る攻防戦の最終かつ最大の問題点だった。

行革会議は、１９９７（平成９）年12月３日最終報告を決定し、独立行政法人の創設を正式に提言した[10]。その骨子は、次の通りである。

①目的
政策の企画・立案事務と実施事務を分離し、実施事務のうち一定のものについて、効率性の向上、サービスの質の向上、透明性の確保を図るため、独立の法人格を有する「独立行政法人」を設立する。

②設立形式
全ての独立行政法人に共通する設立根拠法を設け、独立行政法人の組織・運営に関する基本的な事項及び共通的事項を規定し、共通原則を制度化する。個々の独立行政法人の設立については、原則として、各法人の設置法令による。

③中期的目標・業務計画による管理
主務大臣が中期的期間（３～５年）に達成すべき業務運営についての目標（できる限り数値目標）を法人の長に提示し、法人の長は、その目標を達成するための業務計画案を策定し、主務大臣の認可を受ける。

④評価体制

法人の評価の客観性・中立性を担保するため、各省に運営評価委員会を、総務省に全政府レベルの独立行政法人評価委員会（仮称）を設置する。評価結果は、中期的目標・中期計画、長・役員等の人事及び職員の処遇に反映する。

⑤定期的見直し

主務大臣は、中期計画の終了時に評価結果を踏まえ、業務継続の必要性及び組織形態の在り方について見直し、運営評価委員会の議を経て、所要の措置を決定する。

⑥法人の自律性・自発性

法人運営の細部にわたる主務大臣の事前関与・統制を極力排除し、法人に自律性や自発性（インセンティブ制度の導入）を付与する。

⑦トップマネジメント

長1名、監事複数（外部者起用を義務付ける）及び運営会議を置く。長及び監事は主務大臣が任命し、長については、公募により選任することができる。

⑧財務・会計

事業の運営費については、一定のルールに基づく算定額を国が交付する。中期計画に定める固定的投資経費については、運営費と区分して国が交付する。財務に関しては、原則として企業会計原則による。

⑨職員の身分
国家公務員型、非国家公務員型の２類型を設置。国家公務員型から非国家公務員型への移行も可能とする。
⑩情報公開
透明性を確保する観点から、業務内容・業績等について情報公開を徹底する。

6　独立行政法人制度の創設

最終報告決定の翌日、政府は、「次期通常国会において、中央省庁再編のための基本的な法律案を提出して、その成立を期すこととし、この法律案が成立した後に、関係法律の整備など新体制への移行に必要な準備を進め、遅くとも5年以内、できれば21世紀が始まる２００1年1月1日に、新体制に移行を開始することを目指す」との政府声明を発表した[11]。この声明は、「中央省庁等改革基本法」（平成10年法律第１０３号）制定という形で実現する。行革会議の最終報告で提案された諸改革の方針を基本法という法律形式で定め、最終報告の諸提案の実現を法律形式で担保したものである。この基本法では、総理大臣を本部長とする「中央省庁等改革推進本部」の設置も定め、以後、同推進本部が内閣機能の強化、国の行政機関の再編、独立行政法人制度の創設に関する法律案、政令案の立案に当たることとなった。

第145回通常国会で、全ての独立行政法人に共通する原則を定める「独立行政法人通則法案」が、内閣府、各省設置法案とともに一括上程され、1999（平成11）年7月8日参議院本会議で可決成立し、同16日に公布された。独立行政法人制度の創設である。

独立行政法人化すべき各省庁の業務・組織については、行革会議で議論が重ねられ、最終報告で、別表1「独立行政法人化等の対象となりうる業務」として列挙された。しかし、各省庁の反対を考慮してか、それを「行革会議での議論で取り上げられたものを整理したもの」と位置付け、「政府が具体的検討を進めるもの」とした[12]。結果的に、決定は前述の「中央省庁等改革推進本部」の手に委ねられるかたちになった。次章に詳説するように、国立大学は別表1の独立行政法人化対象業務のリストには入っていないが、このリストの性格のあいまいさが、国立大学を再び独立行政法人化の俎上にのせる道を開くことになる。

〈注〉

1 「座談会 行政改革の理念とこれから」（ジュリスト 1999年8月1・15日合併号）28～31ページ参照。

2 以下、鈴木俊彦氏の発言の引用については、「国立学校財務センター国立大学法人制度研究会（代表大﨑仁）」（以下「国立大学法人研究会」と略称）平成15年9月12日の記録による。

3 以下のエージェンシーの説明は、次の資料による。

Agency Service Delivery Team, Cabinet Office (2002) "Annex B Agencies' background and development," *Better government services, Executive agencies in the 21st century.*

4 以下の叙述は、David Richards & Martin J. Smith (2002) "*Governance and Public Policy in the UK*", Oxford University Press, p.108 ~ 111 による。

5 行政改革会議事務局ＯＢ会編「21世紀の日本の行政 行政改革会議活動記録」（行政管理研究センター １９９８年）（以下「行革会議記録」と略称）。２９８ページ所載。

6 同上書３００~３０２ページ所載。

7 同上書５０８~５０９ページ参照。

8 藤田宙靖「国立大学と独立行政法人制度」（ジュリスト １９９９年6月1日号）１１１ページ所載。

9 行革会議記録５６１~５６６ページ所載。

10 同上書９３~１０５ページ参照。

11 同上書１０４３ページ所載。

12 同上書１０１~１０３ページ参照。

第3章　国立大学独法化見送り

1　民営化の底流

行革会議発足後まもない1997（平成9）年1月15日、読売新聞朝刊一面トップに、「国立大学の私学化論議　行革会議一七項目の課題、郵政三事業の民営化も」の見出しが躍った。

本文はこうである。

「今回の検討課題は、行政改革委員会（飯田庸太郎委員長）が昨年秋、行政をスリム化する判断基準をまとめるため、10省庁を対象にしたヒアリングで焦点になったものだ。このうち、文部省に対しては、東京大学や京都大学など全国で98校を数える国立大学について、『政府直営事業の民営化』という基本的観点から、私立大学などに移すことなどを検討すべきだとしている。これは、『大学教育の分野にもっと競争原理を導入し、カリキュラム多様化や活性化を図って幅広い人材育成を推進すべきだ』といった指摘があることを考慮したもの。」

行政改革委員会というのは、「規制緩和などの行政改革の推進を監視するとともに情報公開法の制定等の審議を行う」ため、行革会議の設置に先立つ1994（平成6）年、3年時限で総理府に設けられた機関である。

読売の報道の2か月後、行革会議の第7回会議に主要論点項目（案）が提出されたが、国立大学について特に言及したものはない。主要論点案に対する委員の意見開陳の過程で、ある委員から国立大学の私学化の提案がなされたが、議論の結果取り下げられたと、議事要旨に記されているのみである。[1] その後の審議の展開から見ても、行革会議発足の時点で、国立大学の民営化を審議対象とする方針があったとは考えられない。読売新聞の報道は先走った推測記事ということになるが、行革会議の発足を前にして、国立大学の民営化、私学化を求める声があったことは事実である。自由民主党の行政改革推進本部内でも、国立大学民営化の論議があったという。

その動きに危機感を抱いた国立大学協会では、3月3日の理事会で阿部謹也一橋大学長を委員長とする「国立大学の在り方と使命に関する特別委員会」を設置し、6月3日には「行財政改革の課題と国立大学の在り方」と題する報告を理事会に提出している。[2]

報告は、国立大学改革の必要性を認めつつも、民営化には強く反対している。「何の基本財産もないまま国立大学を民営化すれば、各大学は授業料を上げざるを得ず、その結果、低所得層の子弟の進学は困難になり、教育の機会均等の原則は失われかねない。そのために有為な人材を社会の各層から供給する道を閉ざすことになり、わが国の社会に大きな不安を残すことになる。」「グローバル化が進む国際社会の中でわが国の将来は高等教育と学術の進歩にかかっている。財政削減のために国の存立の基盤を危うくしてはならない」。

国大協はこの報告書を公表するとともに、井村裕夫（京都大学総長）会長名で、総理大臣はじめ関係各大臣・長官と幹事長はじめ自由民主党関係者等に「行財政改革と国立大学の在り方について」と題する要望書を提出した。井村裕夫氏は、当時の動きをこう回想している。[3]「6月に私は自民党に行きまして、当時総務長官であった武藤嘉文氏に会い、国立大学を民営化するのは反対であるということをしっかり申しました。そのとき武藤さんの最初の質問は、『アメリカはハーバードもイェールも私立大学ではないか。どうして東京大学、京都大学が私立では経営できないのか』というものでした。その時は、『税制も含めて社会の条件が全く違う。京都大学は百周年で募金をしているが目標は60億円、アメリカでは、1ドル100円として、カリフォルニア大学バークレー校は1，000億円、プリンストンは750億円の募金をしている。一桁違うんです。それによって大学の持っている基金、エンダウメントが非常に大きい。日本の国立大学は一銭もエンダウメントを持っていない。今、私学になれと言われたら、すべての国立大学は2、3か月以内に倒産しますよ』という話をしたんです。はじめはかなりやり取りもありましたけれども、向こうの方もいろんな事情は分かってくれたようで、その後国立大学の民営化の話は出なくなってきました。それに代わって、当初からあった独立行政法人の問題が次第に大きい話題になってきたようです。」

２　民営化論の背景

国立大学の民営化を求める動きは、沈静化したようであるが、消滅したわけではない。それ以後も折に触れて表面化し、関係者を悩ませることになる。

国立大学の民営化というようなことが声高に語られるのは、日本だけの特殊現象であるが、その背景には、学部学生の８割近くが私大生という私学依存の大きさがある。私立大学の学生、父母にしてみれば国立大学との授業料等の差は不合理なものであるし、私大の経営者にしてみれば、国私間の国費投入額の差は不当な差別である。それに対する不満は、私学助成の強化を求めるエネルギーとなって、大学政策を動かしてきた。国際的に類例を見ない私学の経常費助成が実現したのも、その強いエネルギーがあったればこそのことである。高度経済成長の終焉と巨額の財政赤字に対処するため設けられた臨時行政調査会の発足を転機として、私学助成も足踏み状態となり、国立大学への財政措置を抑制することで、私大関係者の不満の心理的解消を図るかのごとき動きが次第に顕著になっていく。その動きがさらにエスカレートして、国立大学民営化・私学化が論じられるようになった。

政財界人の私学化論は、井村氏に対する武藤総務長官の質問のように「アメリカの有力大学が私立で経営しているのだから、日本の国立大学も私立でやれるはずだ」というアメリカの有名私大を念頭に置いたものが多い。井村氏が指摘した優遇税制に支えられた巨額の基金・資金の存在に加えて、州立大学授業料の4倍を超える世界一高額な授業料を可能にする奨学制度、50%以上の間接経費を伴う豊富な研究費補助等の基本条件の違いを無視した幻想である。

そのような幻想が盛んに語られるようになった底流には、この時期行政改革の基調となった新自由主義・市場原理主義の影響があった。

3　市場原理主義の民営化論

大学に対する市場原理主義者の考えは、当時の経済企画庁経済研究所が組織した「教育経済研究会」の報告書、「エコノミストによる教育改革への提言」[4]に典型的に表れている。提言は、高等教育改革の基本的目標として、①政府の役割の明確化、②競争を通じてのシステムの効率化、③市場メカニズムによる需要変化に柔軟に対応できるシステムの構築、の三つの目標を掲げる。

第1の政府の役割については、大学の活動の外部性（研究活動等が社会的便益を生むこと）と資本市場の不完全性（低所得者等にとって教育費の借入れが難しいこと）という二つの市場の失敗（市場が機能しないこと）への対応に、政府の役割を限定する。具体的には、政府は、高等教育と一体的に行われる研究活動への補助と、十分な教育資金が民間から借りられない低所得者へのローンの提供だけすればよい、という主張である。高等教育自体には国が補助すべき社会的便益性がない。つまり高等教育は私事であるという認識が基本にある。

第２の競争重視については、「教育機関や教員の間に競争原理を導入する。現在の規制その他の政策は、既存の教育機関や教員の経済的安定を保証しており、消費者に質の高い教育を供給する競争をむしろ阻害している。高等教育の消費者は知識も豊かであり、評価システムや学生へのセーフガードが整備される限り、高等教育には基本的に規制は必要ない。……長期的には営利法人の参入や、学部や学科の新設・廃止・再編をすべて自由化し、質に関する規制は廃止する」。教育の供給者に自由に競争させて、消費者＝学生・父母の選択に任せれば、効率的な経営で授業料も下がるし教育の質も向上するという、市場原理信仰である。

第３の、市場メカニズムによる人材需要への対応システムについては、「教育サービスを供給する主体（企業、高等教育機関、民間研修機関等）の役割やその重要性を規制によって固定することや、マンパワー計画や需給計画によって分野や量を特定した人材の養成を政府が主導することは慎む」。人材需要への対応は教育サービスの供給者に任せるということは一理あるが、教育供給者の役割規制の否定は、突き詰めれば大学制度の否定につながることになる。

提言の自由競争促進論は、「国私格差」の問題について、「長期的な改革の方向としては、国立、私立を問わず競争条件を同一とし、低所得者への奨学ローンを拡充した上で『良い教育を受けるためには、そのコストを消費者が負担する』という他のサービスでは当然の関係が成り立つようにする」という主張となる。このような考えが、国立大学民営化論や、「国私イコールフッティング論」につながることは明らかである。

「国私競争条件の同一化」とは、短期的には「国立への公費投入の私学水準への引き下げ、授業料等の私学並みへの引き上げ、国立大学の拡充抑制の解禁」であり、いずれは「国立・私立の大学と株式会社立大学と競争条件の同一化、すなわち私学助成の廃止のみならず税制優遇措置の廃止」を意味する。

提言の民営化論は、私立大学にとっても大きなマイナスであり、良質の大学教育を求める国民にとっても、また国の国際競争力の見地からも、到底容認できない破滅的政策である。にもかかわらず、このような政策論が、大学政策に影響力を持つ状況があった。

4　東大・京大独法化問題

行革会議では、国立大学の法人化が特に問題とされることもなく審議が進み、中間報告後、企画・制度問題及び機構問題合同小委員会において各省ごとの検討課題の審議に入った。文部省が俎上に上る10月23日の合同小委員会開催を前にした9日、日本経済新聞の朝刊に、「国立大『エージェンシー化』東大医学部事実上の支持　文部省に組織改革案提出へ」の見出しが躍った。15日には、行革会議の水野清事務局長が、突如東大と京大の独立行政法人化を提案する文書を行革会議に提出して、関係者を驚かせた。次いで18日の朝日新聞は、自民党行革本部が、国立大学の独法化の検討を決定したと報じた。

23日、文部省関係の検討課題を審議する合同小委員会が開かれ、水野氏提案の次のような文書が配布された。[5]

【東大、京大の独立行政法人化について（案）】

東京大学、京都大学を他の国立大学に先んじて独立行政法人とすることを提案する。

理由①：現在の国立大学は、予算面、人事面で多くの制約を受けている。その結果、個々の大学が、自由に裁量をもって管理・運営しにくい体制になっており、大学毎の差別化ができにくい。ひいては、他の先進諸国に比し、競争力で見劣りがすると言われている。

理由②：海外の有力校（例：ハーバード大、スタンフォード大、オクスフォード大等）は、もともと私立校ではあるが、多額の基金を運用し、みずからの大学の研究費・管理費等をまかなっているのみならず、政府・民間企業等から委託研究費、冠講座基金等を受入れ、研究・教育の費用に充当している。こうした体制のもと、優れた研究者や多額の資金が集まってくるシステムができあがっており、大学の競争力の向上に一役かっている。
理由③：我が国においては、一挙にすべての国立大学を独立行政法人化することは現実的ではないと思われるが、少なくとも東大、京大は、独立行政法人化してもやって行けるのではないかと思われる。

唐突と見られたこの水野提案の背景には、東京大学医学部の動きがあった。水野氏は、提案に関連して次のように述べている。

「本年3月に東大医学部の教授らから東大医学部附属病院の改革案が出され、公表されたが、文部省は、事前に何の断りもなく頭越しにこのような意見が出されたことに激怒したと聞いている。（中略）文部省のこのような態度では、現場の声が伝わってこないことになる。文部省の意図はよく分からないが、独立行政法人化の是非は別にして、このようなやり方は問題である[6]」。

「東大医学部の教授から出された附属病院の改革案」とは、3月24日付で行政改革会議事務局長水野清氏、行政改革委員会事務局長および文部省高等教育局長あてに提出された、東大医学部教授13名連名の「東京大学医学部附属病院に関する試案」を指したものである。試案は、経理は厳密な単年度会計であるが故に、様々な歪みを生じている、形式的には病院長が責任者で、実務は事務部（文部省）という二重構造にならざるを得ないなど、問題点を指摘して、①単年度会計の廃止、②国家公務員総定員法からの離脱、③病院の自己責任制の確立、④事務組織の専門性の充実を求めるものであった。

附属病院は、国立大学内で最も事業体の性格が強い。文部・厚生両省の二重管理の下、赤字削減のための経営努力を強いられる中で、国の行政組織の枠に縛られる矛盾が噴出したものといえる。国立大学の民営化、エージェンシー化を求める圧力に、如何に対抗するかに腐心していた文部省や大学当局にとっては、この試案は、背後から矢玉が飛んできた思いであったろう。文部省では早速、医学部教授会の対応を求めた。教授会は、試案が教授会の承認・決定を経ないで行革会議に提出されたことに遺憾の意を表明したが、教授会としての改革案を取りまとめることにし、日経がスクープした決定に至ったものである。[7] この東大医学部の動きは、国立大学の内部が必ずしも法人化反対で固まっているわけではない、という強い印象を関係者に与えた。水野氏は、後に東京新聞の加古陽治記者のインタビューに答えて、「東大病院の話が、国立大学の独立行政法人化を考えるきっかけだった。それまでは大学のことはよくわからなかった」と洩らしている。[8]

5　独法化反対

合同小委員会の審議では、前東大総長の有馬朗人委員があらかじめ提出していた文書「国立大学の独立行政法人化への反論[9]」に即して、直ちに水野提案に対して反対意見を述べた。反論の要旨は、次の通りである。

1. 我が国の高等教育への公財政支出は、諸外国に比してきわめて低い。
2. 独立行政法人は、行政改革の一環として活性化のみならず、効率化の観点から行われるものであり、大学の教育研究の特性に鑑みると次のような問題がある。
①自発性、多様性、長期性を本質とする大学の教育研究になじまない。
②主務大臣からの中期目標提示、中期計画の認可等の仕組みは、大学の教育研究活動の自主性に反し、効率性の観点からの一律の大学評価は、各大学の特色を失わせる。
③安定的な研究費、人件費等の確保の保証がないことから、学術研究水準が低下する。
3. 独立行政法人化すれば人事・会計面で自主的運用が可能となるとの指摘もあるが、独立行政法人に対し、国立以上に国の財政支援がなされるとは、到底考えられない。国立大学のままで人事・会計面での自由度、弾力性を高めることが適当である。

両氏提出の文書、発言をめぐって活発な論議が交わされた様子が、議事概要から読み取れる。「大学改革は必要であり、独立行政法人化の問題提起は、大学改革を考えるきっかけにはなるが、他の形態も含め長期的視点に立って検討すべきである」という意見が大勢を占めている。[10]

注目されるのは、この会議での事務局の報告によれば、与党自民党の文教部会から「国立大学における研究等は目標管理による効率性追求になじまず、国立大学をエージェンシー化することは不適当である」との要望が出されたということである。[11] この時点では、自民党の文教部会も国立大学の独法化には反対だったことがわかる。

事務局がこの会議に提出した資料「文部科学技術省（仮称）の検討課題」[12]にも、国立大学の独法化を取り上げようとした形跡はない。水野氏自身、会議で「国立大学の独立行政法人化は、議論の刺激策として提案したもので、こだわらないが、」と発言しているように、[13] 水野氏の提案は、行革会議事務局長としてというよりは、行政改革を担う自民党有力政治家としてのものであった。

水野提案公表後の関係方面の動きを新聞記事等で追うと、16日、東大学部長、研究所長合同会議でエージェンシー（独立行政法人化）反対決議。17日の日経朝刊は、「東大、京大両学長と話し合い、独立行政法人化反対の立場で一致した」との町村文相の記者会見での発言を報じた。町村文部大臣は、「国立大学の独立行政法人化について」と題する声明を発表し、「独立行政法人は定型的な業務の効率性に重点を置いた運営を想定しており、長期的視点と多様性を本質とする大学の教育研究に適さない。文部大臣が目標提示し、大学に計画を作らせ、結果を評価するような仕組みの制度化は、大学の自主的教育研究活動を阻害し、教育研究水準の大幅な低下を招く」と、反対の姿勢を明確にした。同時に、総合的大学改革について大学審議会に諮問することを明らかにし、31日には、「21

世紀の大学像と今後の改革方策について」大学審議会に諮問している。明らかに、行政改革の発想に立つ国立大学独法化を否定し、大学政策として本格的大学改革構想の策定を目指したものである。この時点では、文部省の国立大学独法化反対の姿勢はゆるぎないように見えた。

21日、国大協常務理事会エージェンシー（独立行政法人）化反対決議。23日の毎日新聞朝刊では、自民党行政改革推進本部が、国立大学法人化の見送りを決定した旨報じている。以後、行革会議で国立大学の独立行政法人化が取り上げられることはなく、この時点で実質的に国立大学の独立行政法人化見送りが決まった観がある。

6　国立大学独立行政法人化見送り

独立行政法人制度の創設と並行して、各省庁のどの業務を独立行政法人化するかの検討が進められていった。各省庁も、候補に上がった事業・組織の関係者も、国の組織から切り離されて、海のものとも山のものともわからない独立行政法人にされることには、一様に消極的であった。鈴木氏が回顧したように、対象業務の選定は、独立行政法人を巡る論議の最終かつ最大の問題であった。

結局、行革会議の最終報告では、独立行政法人化の検討対象となり得る業務を別表に掲げるに留め、具体的な検討は政府において進めるということになった。

独立行政法人化の検討対象とする業務は、試験研究、文教研修、医療厚生、作業施設、その他の公的事務・サービス業務に類型化され、類型ごとに国立試験研究所、国立病院・療養所、国立博物館・美術館、青少年研修施設、各種検査所等が個別具体的に明示された。目標管理に不向きな、非定形的業務が中心を占めている。国の行政組織減量の手段という観点が優先した結果でもあろう。

国立大学は、別表の検討対象に掲げられることなく、文教研修分野の検討方針で次のように注記された。

「国立大学については、人事・会計面での弾力性の確保など種々改善する必要があり、現行の文部省の高等教育行政の在り方についても改善が必要。しかし、大学改革は長期的に検討すべき課題であり、独立行政法人化もその際の改革方策の一つの選択肢となり得る可能性はあるが、現時点で早急に結論を出すべき問題ではない[14]」。

さらに「施設等機関の見直し」の方針においても、「独立行政法人化は、大学改革方策の一つの選択肢となり得る可能性を有しているが、これについては、大学の自主性を尊重しつつ、研究教育の質的向上を図るという長期的な視野に立った検討を行うべきである[15]」としている。改革会議としては、国立大学の独法化は将来の検討課題とするに留めたわけである。最終報告を法的にオーソライズした中央省庁等改革基本法においても、この方針をそのまま踏襲している[16]。官庁常識から言えば、国立大学の独法化はこれで見送られたことになる。

〈注〉

1 「行革会議記録」203ページ参照。
2 以下の国大協の一連の動きについては、国立大学事務局編「国立大学法人化の経緯と国立大学協会の対応 資料集」（国立大学協会 平成19年1月）（以下、「国大協資料集」と略称）第1部2〜51ページ参照。
3 「国立大学法人研究会」平成15年12月2日の会の記録による。
4 経済企画庁経済研究所編「エコノミストによる教育改革への提言『教育経済研究会』報告書」（大蔵省印刷局 1998年）。
5 「行革会議記録」720ページ所載。
6 同上書711ページ参照。
7 この間の経緯は、中井浩一「徹底検証 大学法人化」（中公新書ラクレ 2004年）第四章「東大医学部97年の反乱」参照。
8 加古陽治「国立大学が消える日」第一回（東京新聞 2000年2月11日朝刊）参照。
9 「行革会議記録」709ページ所載。
10 同上書712ページ。
11 同上書711ページ。国立大学の法人化問題については、一般に文教関係議員はさほど関心がなく、行革関係議員が熱心だったとも言われている。
12 同上書717ページ所載。
13 同上書712ページ参照。
14 同上書101ページ参照。
15 同上書106ページ参照。

16　中央省庁改革基本法（平成10年法律第１０６号）43条（施設等機関）２項参照。

第4章　文部省の方向転換

1　有馬・太田会談

行革会議が国立大学の独立行政法人化の見送りを決定し、それに基づいて中央省庁等改革基本法が制定された。「国の機関としての国立大学の基本的枠組みの中で、国立大学の改革を進めるべきである」とする、文部省・国大協の主張が受け入れられたことになる。

中央省庁等改革基本法成立の6か月後、1998（平成10）年10月には、町村文相が国立大学独法化に反対して、文部省としての大学改革構想樹立のため、大学審議会に諮問し、審議を急がせた「二一世紀の大学像と今後の改革方策について」の答申が出された。既存の国立大学の設置形態を前提とした「責任ある意思決定と実行―組織運営体制の整備」のための諸方策が提言されている。

国立大学の独立行政法人化の動きは、完全に終息したかに見えたが、この時すでに事態の急変につながる変化が始まっていた。中央省庁等改革を主導した橋本内閣の退陣である。「二一世紀大学像答申」に先立つ7月の参議院選挙で自民党が惨敗し、参議院で与野党が逆転した。その責任をとって橋本内閣は総辞職、代わって小渕恵三氏を首班とする小渕内閣が登場した。文部大臣には、行革会議の委員として国立大学の独立行政法人化に反対した元東大総長の有馬朗人氏が任命された。有馬氏は橋本内閣総辞職の原因となった参議院選挙において、自由民主党の比例代表名簿第1位に登載され、参議院議員に当選していた。行政改革を担当する総務長官に任命されたのは、慶応義塾大学出身の太田誠一氏である。総務長官は、行革担当大臣として、中央省庁等改革による新体制への移行推進の中心となる中央省庁改革等推進本部の副本部長になる。

情勢の急変は、強烈な国立大学私学化論者と評される太田総務長官の、有馬大臣への働きかけから始まった。

有馬氏は次のように回想する。[1]「12月頃に太田長官から、行革会議の結論のところに大学改革の一つの選択肢と書いてあるのだから、国立大学の独法化をやろうよと強い要請がありました。２回か3回ずいぶん突っ込んだ議論をいたしました。その結論がやはり行革会議の『大学改革の一つ』と同じような文言ですけれども、平成15年までに結論を出そうということになりました。私は20年待ってくれと言ったんですよ。すると太田さんは、政治家にとって20年というのは未来永劫と同じことである。３年以上待てない。そういうことから5年ということになったわけです。」

国立大学の独法化に対する行革会議の結論は、「長期的視野からの検討課題であり、当面の中央省庁等改革では対象外とする」というものである。太田長官は、「長期的視野からの検討」の期限を示せという強引な要求で、この問題を再び俎上にのせたわけである。当時の文部省関係者の話では、「有馬・太田会談は、11月ごろから何回かあった。最後は一対一で秘書官も同席できなかったので、真相はだれも知らないと思う。会談直後から合意文書の折衝が始まった」という。

有馬氏が、一度見送りに決した独法化問題について、期限付きで結論を出すことを約したのは、明らかに方針の転換である。

太田長官は、会談合意直後の12月17日に開かれた第9回中央省庁等改革推進本部顧問会議で、「独立行政法人化の方が非常に難渋をしておるのではないかというふうに御心配いただいて、ややそういう部分もあるわけでございますが、ただ、例えば国立学校のことで申し上げますと、ここにもいろいろな賛否両論御意見がございました。その中で、今までは検討もしないということであったわけでございますが、期限を切って検討をする、5年後までに検討をして結論を得るというふうになってまいりました。そこでどう結論が出るかというのは、例えば文部省の方に言わせれば、それはそうはならないだろうというふうにおっしゃるし、私などはなるであろうというふうに思いますし、あとは見通しの問題でございますけれども、そこは大きく変化があったということでございます」と、述べている。[2]

年明け、1999（平成11）年1月26日の推進本部決定「中央省庁等改革に対する大綱」には、有馬・

大田会議の合意に基づく次の一文が盛り込まれた。「国立大学の独立行政法人化については、大学の自主性を尊重しつつ、大学改革の一環として検討し、平成15年度までに結論を得る。」

２　国家公務員削減問題

有馬大臣が、決着済みの国立大学独法化問題について太田大臣との折衝に応じた裏には、急浮上した国家公務員削減問題のプレッシャーがあったと思われる。

小渕首相は、内閣総理大臣に指名された第１０３回国会での所信表明演説において、中央省庁のスリム化を強調し、「10年の間に、国家公務員の定員は20％、コストは30％の削減を実現するよう努力する」と述べて、関係者を驚かせた。国家公務員の定員削減については行革会議の最終報告を受けて、中央省庁等改革基本法で、10年間で10％削減という方針がすでに決定されていたからである。

小渕首相が改めて20％削減という数値目標を掲げたのは、当時「省庁、大臣、国会議員、国家公務員の削減による本格的な行政改革開始」などを旗印にした、小沢一郎氏率いる自由党の政府批判を意識しての政治判断であろう。

この問題は、所信表明演説5日後の8月12日に開かれた、第3回改革推進本部顧問会議で早速取り上げられた。席上太田大臣は「小渕総理が10年間で20％という目標を掲げております。その後、総理とも協議をいたしたわけですけれども、これは通常の定員削減ではとても目標を達成し得ないわけであります。当然のこととして独立行政法人化による分が相当含まれているという認識でございますので、独立行政法人化の方が待ったなしのことになるわけでございます」と説明している。独立行政法人への移行職員数で、つじつまをあわせるということである。

注目すべきは、国家公務員削減問題は、この時点では国立大学の独立行政法人化に結びついていないことである。河野推進本部事務局長は、上述の顧問会議で、削減の見通しについて次のような趣旨の説明をしている。「国家公務員は約85万人、30万人を郵政として、残り55万人の10％は、5万5千人になる。別表に入っている独法化対象のものは、11万人程度である、一番大きいのが国立病院で、がんセンター等基幹病院を除くと4万7千人くらい。あとは試験研究機関が大体1万人程度、あとは検査検定等の機関もある。」10％の削減上積みは、独立行政法人化の検討対象になっている組織・機関の移行で、十分達成できるということである。国立大学は、もちろん別表の独法化対象には入っていない。

3　自自連立協議による急変

この状況が急変するのは、小渕内閣が、参議院で少数与党という不安定な政治基盤の強化を狙って進めた、自由党との自自連立協議である。連立に向けての両党の政策協議の重要課題の一つが、自由党の主張する公務員の25％削減等の政治行政改革である。小渕内閣が上積みした20％削減に、さらに５％削減を上乗せしろという自由党の主張が、自自連立の成否にかかわる政治課題として浮上した。それを契機に、太田大臣と推進本部事務局が、国立大学の独立行政法人化に狙いを定めたと思われる。

12月17日開催の推進本部顧問会議に、「中央省庁等改革に係る大綱事務局原案」が配付された。小渕・小沢会談で連立合意が成立した翌日、平成10年11月20日付のものである。その独法化関連の項に、「上記（行革会議で検討対象とされたもの）以外の事務及び事業についても、……基本法及び最終報告の基準に基づき、独立行政法人化の対象となる事務及び事業の検討を積極的に進めるものとする。（国立学校、統計センター等）」との記述がある。「基本法及び行革会議最終報告の基準に基づき」といいながら、その枠を越えて独法化の検討対象を拡大する、その主たるターゲットは、国立学校・国立大学ということである。

「有馬・太田会談が11月から始まった」という話と、まさに時期的に符合する。国家公務員の削減が大きな問題となったため、各省庁にも「国立大学が、文部省が協力しない分、自分たちが被せられる」という雰囲気が強まったという。有馬・太田会談は、このようないわば外堀を埋められた状況の下で、行われたわけである。

平成11年1月14日、自自連立による小渕第一次改造内閣がスタートし、1月22日には自民党と自由党との間で、国家公務員25％削減を含む「中央省庁再編・公務員定数削減に関する合意」が成立する。1月26日には、推進本部が「中央省庁等の改革に係る大綱」を決定する。大綱には、前述の「国立大学の独立行政法人化については、大学の自主性を尊重しつつ、大学改革の一環として検討し、平成15年までに結論を得る」という一文が盛り込まれる。さらに、国家公務員の削減について、「新たな計画は、平成13年1月1日から平成22年度の間に実施する」とされた。「平成15年までに結論を得る」とされた国立大学の独法化の検討期限は、これで実質、平成13年までにと前倒しされたことになる。

4　有馬大臣方向転換の理由

公務員削減問題が大きなプレッシャーになったとはいえ、それはいわば裏事情である。中央省庁等改革基本法で見送りが決定されている国立大学の独法化を、再検討すべき理由はない。表舞台で議論すれば有馬大臣に分のある話である。にもかかわらず、なぜ有馬大臣は方向転換を決意したのであろうか。

有馬氏は文相退任後、朝日新聞社の月刊誌『論座』が企画した蓮見東大総長との対談で、こう述べている。「行革会議が最終報告をまとめる段になって、独立行政法人に『公務員型』ありうべしという議論になってきた。公務員型なら国が面倒みるわけですから、民営化には反対という私の意見はその点では変ってきたんです。一方で、大学改革は進めなければならない。大学の教育・研究の仕方や社会とのつながりという点で改革を進めていく上で、一つの道筋として独立行政法人も考えられる、と結論づけたわけです。ただ私がその辺で納得したのは、公務員型ありうべし、というのが大きかった。加えて文相時代に調査してわかったことは、欧米の大学は法人格を持っているところが多い。その理由はやはり大学の自立性なんです。法人格を持っている方が政府からの干渉を切ることができます。そうした独立行政法人にならば、やり方次第で、自立性を持った大学もつくりやすいのではないか、と考えた。それが私の宗旨替えになるわけです。[3]」

「公務員型ありうべし」というのは、独立行政法人移行を渋る省庁・組織への対応として、役職員に公務員の身分を保証する類型を認めるということであり、独立行政法人通則法で、「特定独立行政法人」として法制化された（同法2条2項）。もっとも、結果的には後述のように、国立大学法人は公務員型とはならなかった。

有馬氏は、別の機会に矛盾する思いをこうも語っている。

「予算の使い勝手という点では、理研（理化学研究所）など出資金でやっていますと非常に楽でありました。それにくらべて国立研究所では使いにくい。東京大学の経験からみても、国に所属していますと予算は非常に使いにくい。研究所は独立行政法人にすることはむしろよいのではないか。……大学に関しては研究にしても教育にしても独立行政法人ではいずれにしてもだめである。研究や教育は行政ではないんだから。」

有馬氏の決断の背景には、国立大学の硬直した運営に対する不満と、特殊法人理化学研究所の理事長としての経験もあったと思われる。[4]

5 有識者懇談会の開催

有馬・太田合意にもかかわらず、大学審議会の「21世紀の大学像」答申に基づいて、従前の設置形態の枠内で国立大学の管理組織を改革する国立学校設置法の改正案が、「学校教育法等の一部改正法案」の一部として、3月に国会に提案され、5月に成立を見ている。半世紀にわたり懸案だった国立大学の学内管理システムの法制化である。この間、4月27日に有馬・太田会談の合意内容を含む「中央省庁等の改革に関する方針」が閣議決定されている。6月に開かれた定例の国立大学長会議では、有馬大臣は「文部省としては、各大学における改革の状況を見つつ、教育研究の質の向上を図る観点に立って、できる限り速やかに検討を行ってまいりたい」と述べるに留めている。

文部省が一歩踏み出したのは、8月6日、有識者懇談会「今後の国立大学等の在り方に関する懇談会」の設置である。[5]

国立大学協会の会長を務めた吉川弘之（東大）、井村裕夫（京大）、阿部謹也（一橋大）の諸氏、筑波大学前学長でノーベル章受賞者の江崎玲於奈氏、田中郁三元東工大学長、石川忠雄前慶應義塾長、大学共同利用研究所の所長も務めた碩学の梅原猛氏、小田稔氏、それに途中参加の前川正前群馬大学長と、学界を代表する先生方が、メンバーとなった。

懇談会は一か月余りの間に5回にわたって集中的に開催されているが、座長を定めることもなく、特定テーマを掘り下げて討議することもなく、懇談会として見解を発表するという動きもなく、文字通り懇談会的運営が続けられた。

懇談会での発言内容は多岐にわたるが、独立行政法人通則法をそのまま適用することに反対であることは一致している。同時に国立大学の現状批判も強く、独法化絶対反対という感じは伝わってこない。「国立大学の独立行政法人化に踏み切ることには財政の問題、国との関係など、不安な点が無いわけではないが、一方、国立大学にとどまった場合には、行政改革の流れの中で、さらに厳しい環境が待ち受けることも十分に予想されるところであり、この際、前向きに捉えて検討していく姿勢が大切である」という意見が、懇談会の空気を代表しているようである。

文部省としてはこの懇談会により、国立大学の独法化の検討を始めることについて、学界の長老の了解を得、また、独法化に対する懸念がどこにあるかを確かめたことになる。結果から見て有識者懇談会は、独法化の是非の検討から独法化のあり方の検討への橋渡しとなった。5回目の懇談会が開かれた4日後に、文部省は臨時国立大学長・大学共同利用機関長会議を開催して、独法化の検討の方向を発表した。

6　国大協の対応

文部省の方向転換に、当事者である国大協はどう対応したのであろうか。

有馬・太田会談が進行していた1998（平成10）年12月1日、阿部謹也一橋大学長の後を受けて、蓮見重彦東大総長が国立大学協会長に選ばれ、有馬・太田合意という事態の急変に対処する重責を担うことになった。

元東大総長である有馬大臣から蓮見会長に、合意の背景とその意味するところが伝えられたことは、想像に難くない。他方、松尾稔名古屋大学総長が、独自の情報源から事態の深刻さをいち早く認識し、蓮見会長にその状況を伝えたという。松尾氏は次のように回想する。6

「ともかく国大協としてはあくまでも反対だけれども、この問題をきちんと考えておく必要があるということを蓮見さんが決心した。まったく秘密裏に検討してくれないか、という話がありました。僕は、正式の場で、例えば第1常置委員会で検討すべきではないか、と言ったのですが。

蓮見先生は、絶対無理だ、特に6月の理事会、総会はすべて反対、反対で出てくるだろう。そうなったら何も出来なくなってしまう。決して賛成ではないけれどもこの問題は逃れられない。逃れられないとすれば、日本の将来にとってどうすればよい方向にもっていけるか、検討が必要だと。そんなことで結果的に蓮見会長の要請を、私個人が受けることになったわけです」。

松尾総長は、ご自分のほか旧帝大の副学長3人、蓮見総長推薦の東大法学部教授1人の5人で研究会を作り、国大協総会を前にした6月8日付で「国立大学の独立行政法人化問題に関する検討結果のとりまとめ」、いわゆる松尾レポートを非公式文書として蓮見会長に提出した。[7]

松尾レポートは、それまでの独法化反対論から一歩踏み出して、「大学独立行政法人特例法」制定など、独法化を容認する場合の条件を提示している。蓮見会長は、6月15日開催の国大協総会にこのレポートを提出し、各学長の意見を求めた。[8]

議事要旨で見る限り、大学について独立行政法人通則法の特例を認めさせることが可能か、という点に議論が集中し、結果「今後起こらないともかぎらない事態に備えて、独立行政法人化問題の検討を第1常置委員会にお願いする」という提案が、異議なく了承された。第1常置委では、この問題を集中的に検討するため小委員会を設け、松尾総長が小委員長に就任した。9月7日、第1常置委は、松尾小委員会の報告に基づき「国立大学と独立行政法人化問題について（中間報告）」を取りまとめた。[9]松尾レポートが提起していた「大学独立行政法人特例法（仮称）」の内容を具体化したものであり、その後の展開との関係で、特に次の提言が注目される。

①原則として各大学ごとに法人化する。
②運営組織は、経営機能と教学機能を一体にする。
③中期目標の指示に当たって、主務大臣が各大学の教育研究の長期方針を尊重することを義務

付ける。
④学長、教員を充てる役員、教育職員の人事は、教育公務員特例法の原則を維持する。
⑤職員は、国家公務員型であることが望ましい。
⑥評価は、活動の結果だけでなく、過程も考慮に入れるべきであり、評価の結果が、長期目標の達成に向けて、以後の活動の改善に資するものでなければならない。
⑦主務省評価委員会が直接大学の教育・研究を評価することは、教育・研究の自主性・自立性の観点から不適当であり、設置予定の大学評価機関との関係について、詳細な検討が必要である。
⑧財政措置を確保するため、特別会計的機能を維持する。

国大協は、8月6日、臨時理事会を開催してこの中間報告を全大学に送付することを決めるとともに、それを討議するため、9月13日に臨時総会を開催した。蓮見会長は、臨時総会でこの間の事情のあらましを次のように説明している。

「文部省から第1常置委員会においてかなり緊急度の高い話があり、また8月に入ってすぐ文部省に有識者懇談会がつくられ、独法化問題について9月の早い段階で結論を出すのではないかということを伝聞した。この前後、一部の大学が独法化を受け入れたとか、東京大学が独立行政法人を条件付きで容認したかのような報道がなされている。そこで第1常置委員会に、これまでの検討を「中間報告」の形で提示していただき、全大学の学長が集まってこれを討議するのがよいということで、本日の会議を設定した」。

会議では、中間報告の内容よりも、国大協の態度表明をどうするのか、9月20日文部省招集の臨時学長会議で示されるであろう、文部省の方針との調整をどう進めるかという点が討議の中心となった。執行部は、「文部省から提示される独法化についての考え方は、『中間報告』及びそれ以前の『松尾レポート』を踏まえたものになるのではないか」と、文部省との非公式な接触があることをほのめかしている。蓮見会長は、会議のまとめとして、「9月16日の有識者懇談会、20日の学長会議以前に第一常置委員会から報告が出て議論いただいたことは、独法化が不可避だという流れが強く出ていながら、不明な点を多く含み具体像が見えない中で、大学が先んじて立法府・行政府に向けて一つの態度表明をしたことになったと思っている」と、自己評価している。

一方、小委員長としてこの報告を取りまとめた松尾氏は、蓮見会長の先行した動きに反発していた一部幹部の姿勢に強い不満を洩らしている。「国大協としてはまったく動かないわけですね。この第1常置の報告書のときも揉めに揉めました。『中間報告』なんていう名前にしているんです。私の意思じゃありませんよ。それで最終報告を出すのか。結局出ない。そのうちに官主導で『調査検討会議』になだれ込んでいくということになるんですね。」

第1常置委の「中間報告」は、通則法に対する本格的対案といえるものになっているが、国大協は、これを国大協の対案として文科省に提示する形を避けた。独立行政法人化反対の姿勢を維持しながら、独法化の条件を探るというわかりにくい国大協路線がここに始まる。

〈注〉

1　以下、有馬氏の発言の引用は、「国立大学法人研究会」2004年2月20日の会の記録による。

2　以下、中央省庁等改革推進本部の動きは、www.kantei.go.jp/jp/komon で検索できる同本部顧問会議の記録に基づく。「顧問会議」とは中央省庁等改革基本法に基づいて講ぜられる施策に係る重要事項について審議し、推進本部長に意見を述べる機関である。

3　「徹底討論　東大は生き残れるのか」（論座　2000年2月号）16～17ページ所載

4　理化学研究所は、旧科学技術庁所管の特殊法人であるが、戦前創設以来の伝統で、他の特殊法人に比して、大学の研究者との関係が深く、比較的自由な研究環境に恵まれている。

5　この有識者懇談会の設置要項と懇談会の概要は、「国大協資料集第1部」90～98ページに所載。

6　松尾氏の発言は、「国立大学法人研究会」平成16年6月18日の会の記録による、

7　「国大協資料集第1部」73～79ページ所載。

8　総会議事要旨は同上書80～83ページ所載。

9　同上書99～112ページ所載。

10　臨時総会議事要旨参照。同上書113～118ページ所載。

第5章　法人化制度設計の開始

1　臨時学長会議招集

1999（平成11）年9月20日朝、東京代々木の国立オリンピック記念青少年総合センターの門を、次々と急ぎ足で入っていく人の波があった。文部省が臨時に招集した国立大学長・大学共同利用機関長等会議出席のため、全国から集まった国立大学長・大学共同利用機関長と随行の事務局長・管理部長が、会場に急ぐ姿である。学長会議は一橋の学士会館で開かれるのが通例である。異例の場所で臨時会議が招集されたことに、この会議の重要性が象徴されていた。

冒頭の有馬大臣のあいさつが[1]、この会議の持つ意味を明らかにする。

「本日、皆様方にお集りいただきましたのは、国立大学の独立行政法人化の問題について、文部省の検討の状況をご説明するためであります。この問題については、本年4月の閣議決定により『大学の自主性を尊重しつつ、大学改革の一環として検討し、平成15年までに結論を得る』とされ、これを受けて6月に開催いたしました国立大学長会議において、私のあいさつの中で『文部省としては、各大学における改革の状況を見つつ、教育研究の質の向上を図る観点に立って、できる限り速やかに検討を行ってまいりたい』と申し上げたところであります。その後、文部省においては、《今後の大学等の在り方に関する懇談会》を5回にわたって開催し、協力者の方々からご意見をいただきながら、検討を続けてまいりましたが、このたび、国立大学を法人化する場合に、国立大学の教育研究の特性を踏まえ、組織、運営、管理など独立行政法人の全般について所要の特例措置等を検討する際の基本的な方向を整理するにいたりました。その内容については、後ほど高等教育局長から説明させますので、どうかお聴き取りいただきたいと存じますが、その説明に先立ちまして、この問題についての私の考えを述べたいと思います。」

次いで述べられた有馬大臣の「私の考え」の要旨は次の通りである。

【独立行政法人化の検討の観点】
①大学運営において、大学の自主性・自律性が確保・拡充できること。
②長期的展望に立って教育研究が展開できること。
③教員の自発性・主体性が十分担保されること。
④教育研究評価が国ではなく、大学関係者により専門的見地から行われること。

⑤世界的水準の教育研究を行うことができる条件整備が図られること。

【法人格の取得】

国立大学が、できる限り自らの権限と責任で大学運営ができるよう、独立した法人格を持たせる。

【自主性・自律性の拡大】

独立行政法人の自主性・自律性保証システムに、国立大学の教育研究の特性を踏まえ特例措置を講ずれば、

①教育研究組織（学部・研究科などの基本組織を除く）の編成が主体的にできる。

②機動的かつ柔軟な教職員の配置が可能となる。

③弾力的かつ迅速な給与決定が可能となる。

④教育研究活動の実態に応じた弾力的な予算編成が可能となる。

【個性化の進展】

大学の自主性・自律性が拡大することにより、これまで以上に自由な制度設計が可能となり、個性化の一層の進展が期待できる。但し十分な公的資金の投入が必要。

この有馬大臣のあいさつは、「国立大学の独法化については、その是非を含めて検討する」とい

う文部省のそれまでの建前から大きく踏み出して、特例措置という条件付きで独法化に踏み切る、という宣言にほかならない。あいさつの終わりに、国家公務員の定員削減との関連にふれ、平成13年から予定されている国家公務員の定員削減計画の方向性が、平成12年度の早い時期には明らかになるので、「今後国立大学協会をはじめ関係者のご意見を伺いながら鋭意検討を進め、平成12年度のできるだけ早い時期までには、特例措置等の具体的な方向について結論を得たい」と協力を要請した。「平成15年までに結論を得る」という閣議決定による5年間の検討期間は大幅に短縮され、太田大臣・推進本部事務局の当初の筋書きを認めたことになる。

会議の模様は、翌21日に開催された中央省庁等改革推進本部顧問会議において、事務局から報告されている。国立大学独立行政法人化を主張してきた顧問を含め何人かの顧問から、文部省の方向転換が予想より早かったという感想が、一種の意外感をもって述べられているのが、印象的である。

2　文部省原案

会議の席には、「国立大学の独立行政法人化の検討の方向」（平成11年9月20日）と題する資料[2]が配布されていた。「検討の方向」と題されてはいるが、文部省として初めての国立大学法人化の基本設計図である。その基本的な骨格は次の通りである。

第1は、「各大学に法人格を付与する」としたことである。

国立大学の法人化は制度論としては、附属病院等、大学の一部組織を分離して法人化する、特定の大学だけを法人化する、複数大学を一法人にまとめる、全国立大学を一法人にまとめるなどの選択肢があった。現に、文科省は、国立高等専門学校については、独立行政法人国立専門学校機構に集約している。また、厚生省（現厚生労働省）は、国立病院を独立行政法人国立病院機構の管理下に集約する一方、国立がんセンターなどの六つの高度専門医療センターについては、政策医療に特化した組織として、国の直営機関として残す選択をしていた[3]。通商産業省（現経済産業省）の外局だった工業技術院は、全国各地に工業技術研究所等の試験研究機関を設置運営していたが、それを一括して独法化し、独立行政法人産業技術総合研究所となった。そのような選択肢のある中で、一大学一法人の方針を打ち出したのは、個々の大学の自主・自立を重視したためであろう。

第2は、法人の役員を「学長（＝法人の長）、副学長、監事」としたことである。

学長を法人の長とし、理事を置かずに副学長を役員としたのは、学校法人の理事会体制と異なり、大学組織と法人組織の一体化を意図したものである。

第3は、「評議会、教授会、運営諮問会議を、国立大学における自主的、自律的な意見集約、意思決定に不可欠の組織として、法令に規定する」としたことである。

大学審議会の「21世紀の大学像」答申を受けて、直前の国会で国立学校設置法を改正し、多年の懸案であった大学の学内組織運営体制を整備したばかりである。法人化してもその体制を受け継ぐということである。

第4は、独立行政法人の目標管理のシステムについて、大学の教育研究の自主性・自律性を担保するため、次のような特例措置が必要、としたことである。
①文部科学大臣が中期目標を定める際、各大学からの事前の意見聴取を義務づける。
②評価委員会は、教育研究に係る事項については、大学評価・学位授与機構の専門的判断を踏まえて評価し、文部科学大臣に意見を表明する。
③中期目標・計画は、大学の教育研究が非定量的な性格を有し、また、経済的な効率性に必ずしもなじまない点を考慮し、中期目標・計画の内容を検討する。
第5は、「役員・教職員の身分は、国家公務員とする」としたことである。

これは、有馬大臣が法人化に踏み切った際の基本条件である。

第6は、学長・教員人事については、原則として教育公務員特例法を前提に検討する、としたことである。

役職員を国家公務員にすれば、教育公務員特例法がそのまま適用される。大学自治の中核とされてきた教授会中心の教員人事システムは、基本的に維持されることになる。

運営費交付金の積算方法、授業料の額の設定方法等財務関係の問題については、財務省を慮ってか、明確な方針を打ち出していない。総じて、それまでの体制を活かしつつ、法人格を付与しようとする構想であった。

３　麻生レポート

文部省では、この臨時学長・共同利用機関長会議に続いて各地区で臨時学長会議を開催し、国立大学独法化検討の方向を説明した。当時の文部省関係者の話によれば、「文部省は反対運動を一緒にやっていながら、手のひらを返したように法人化の検討に入った」と非常に険悪な雰囲気だった。他方、推進本部事務局等、政府部内の行革関係部局は、他の独法対象機関への波及をおそれてか、特例措置を協議する姿勢を示さなかった。自民党文教関係議員も冷ややかな雰囲気で、孤立無援という時期が続いたという。

このような状況を大きく動かしたのが、「麻生レポート」の公表である。「麻生レポート」とは、自民党の文教部会・文教制度調査会教育改革実施本部の高等教育研究グループ（主査麻生太郎）の名において、平成12年3月30日に発表された「提言　これからの国立大学の在り方について」と題する文書である。高等教育政策の在り方について基本的な提言を行った上で、焦点である国立大学の在り方について、運営、組織編成、独立行政法人化について具体的な提言を行ったものである。とりわけ、独立行政法人化についての提言は、孤立無援の状況にあった文部省にとって強力な援軍となり、その後の展開をリードすることになった。

当時の文部省関係者の話によれば、麻生レポートが出された経緯は次の通りである。

「平成11年9月に『検討の方向』を公表した後、11月ごろ、自民党の行革本部長であった武藤嘉文先生から、当時文教調査会長であった森山真弓先生に対して、文教部会としてこの問題を検討するよう依頼があった。地方国立大学を中心に大反対運動が起こって、行革関係の先生方が扱いかねたからかと思う。森山先生は、麻生太郎先生にお願いして、平成11年の末頃検討会を始めた。当時のコア・メンバーが、麻生先生、町村先生。有馬先生も入っていました。林芳正先生など行革関係の方も入っていて、6、7人いらっしゃいました。7回会合があって、そこに毎回呼ばれ説明をして、2月に『高等教育研究グループ』が正式に発足した。それから大学からのヒアリングをやり、最終的に「麻生レポート」を公表したということです。」

地方国立大学を中心とする反対運動が、麻生レポートを生み出す原動力になったわけである。

国立大学の法人化に決定的な役割を果たした麻生レポートの、独立行政法人化に関する部分を次に掲げる。

○　国立大学の独立行政法人化（抄）

「国立大学を、護送船団方式から脱却させ、より競争的な環境に置くためには、国立大学に国から独立した法人格を与えることの意義は大きい。法人化により、国の様々な規制が弱まる点も、教育研究の遂行上、メリットが大きい。

他方、独立行政法人通則法をそのまま国立大学に適用することは、不可能である。なぜなら、大臣が、大学に目標を指示したり、学長を直接に任命し、解任するような制度は、外国にも例がなく、国と大学との関係として不適切である。評価の仕組みも検討の余地が大きい。「独立行政法人」という名称も、大学にふさわしくなく、特に「行政」の文字には強い違和感を禁じえない。

したがって、国立大学を独立行政法人化する場合には、大学の教育研究の特性を踏まえ、その自主性・自律性が尊重されるよう、具体的には、少なくとも以下の点に十分留意し、独立行政法人制度の下で、通則法の基本的枠組みを踏まえつつ、相当程度の特例を加えた特例法を定めて、これにより移行するなどの方法を検討すべきである。

・学長人事は、大学の主体性を尊重した手続きとする。

・教育研究の目標や計画は、教育研究の特性を十分踏まえた内容とするとともに、各大学の主体性を十分尊重して定める。
・教育研究の評価は、専門の第三者評価機関の評価を尊重する。
・「国立大学法人」など大学にふさわしい適切な名称とする。
・評議会、教授会、運営諮問会議を基本組織として位置づける
・企業会計原則を適用する場合には、大学の特性を十分に踏まえる。
・特別会計の借入金の返済や長期的な施設整備を円滑に進める仕組みを設ける。
・法人化が公的投資の削減に結びつくものではないことを踏まえ、運営費交付金を十分確保するとともに、産学連携などの自助努力を通じて中長期的に内部的な蓄積を進めることにより、多様な教育研究を保障する。
また、国立大学を独立行政法人化する以上、特に経営面での体制を強化する必要がある。経営担当の副学長を配置することは当然のこと、さらに経営面を担当する何らかの学長補佐機関を設けることも検討すべきである」。

独立行政法人制度の問題点を的確に指摘し「国立大学法人」の名称を初めて提示するなど、文部省・大学側に理解を示したものになっている。このレポートは、文教部会・文教制度調査会合同会議で審議・修正され、行政改革推進本部幹部会の了承を得た上で、5月11日、自由民主党政務調査会の

正式な政策提言として発表された。[4] 当初案に対する主な修正は次の３点である。

①国立大学に対する国の関与の必要性を指摘し、独立行政法人制度の仕組みを活用することが適切としたこと。

②「学長選考の見直し」について、次のような具体案を提示していること。「国立大学の社会的責任を明確にし、社会との連携の下に適任者を選ぶとの考え方に立って、学長選考のための学外の関係者及び学内の代表者（評議員）からなる推薦委員会を設けた上で、これに『タックス・ペイヤー』たる者を参加させるなど、選考方法の適正化を図るべきである」

③教育研究の評価を行う第三者評価機関である大学評価・学位授与機構に、大学関係者のみならず、幅広い関係者が参画する必要があるとしたこと。

このような揺り戻しがあったとはいえ、麻生レポートが、行革推進本部も了承した与党自民党の正式な政策として認められたことにより、独立行政法人通則法の特例を検討する基盤が整備されたといえる。

4　国大協の対応

文部省の独法化検討方針の提示を受けて、国大協では、11月18、19両日にわたって総会を開き、討議を行った。その結果発表されたのが、「国立大学の独立行政法人化問題の議論を越えて高等教育の将来像を考える」（１９９９年11月18日）と題する会長談話[5]である。談話の論旨は、次の通りである。

①独立行政法人通則法が、そのままのかたちでは、国立大学を真に変容させる設計図たりえないのは明らかである。国大協も第1常置委員会の「中間報告」として、設計図そのものの修正が不可欠であることをすでに指摘している。

②通則法の問題点が誰の目にも明らかになった以上、事態は、（独立行政法人化）賛成、反対を唱える以前の段階に留まっている。にもかかわらず、文部省は「検討の方向」において、独立行政法人化の基本的枠組みを提起した。

③文部省の「検討の方向」に対して意見の表明をさしあたり避けているのは、こうした独立行政法人化が、現状では、実現されるべき高等教育の改革にとって有効な手段となり得ないと考えているからだ。

④こうした状況下で、設計図の不備を改めて指摘し、修正の可能性を模索することは、本質的な問題の解決とはなり得ないし、かえって問題を隠蔽することになりかねない。

⑤いま必要とされているのは、国公私立を含めた高等教育総体の大胆な変革である。その改善のための新たな枠組みが必要とされるなら、その設計に積極的に加担する意思があることを表明

する。

⑥真の変化を実現しようとするものにとって、独法化の設計図に対する肯定や否定の表明など、二義的な意味しかもち得ない。

有馬・太田合意が公になった時点で、このような態度表明がなされたのであれば理解できるが、文部省の独法化案の提示を受けての見解としては、首を傾げざるを得ない。

総会の議事要旨[6]を見ると、当然のことながら、独法化問題について国大協として統一した意見を表明すべしという意見が大勢である。「独法化から戻れる、戻れないとの議論があるが、独法化が潮流になっている事態にあっては、独法化で絶対譲れないものは何かというものを抽出し、これが受け入れられなければ独法化にはっきり反対であるという姿勢をとるべきではないか」との発言に説得性がある。

しかし、会長のものと思われる発言は「絶対反対、条件付反対、条件付賛成と意見が割れていて、意見統一は難しい。現在提起されている独立行政法人のスキームには反対であるということは全員の同意が得られるが、個々の細部に関し賛成、反対の旗色を鮮明にすることは、独法化の方向に国大協が一歩踏み込んだとみなされるので、いまはとるべき態度ではない。これは絶対に譲れないということ、ただし、防御的なものではなく、今後国立大学がどのような立場に置かれたとしても、各大学が自信をもって日本の教育を支えていけるようなものということを軸に会長の意見表明の文案を考えたい。第1常置委員会では引き続き議論を深めていただき、国大協として外すことができない基本的条件の抽出をお願いしたい」ということで、議論の集約を図っている。その結果出されたのが、前述の会長談話であるが、「絶対に譲れないもの」が何かをそこから読み取ることは難しい。

5 国大協内の意見分裂

蓮見会長は、翌年2月の有馬氏との対談で、その真意をこう述べている。[7]

「賛成か反対かという決をとったら国大協では意見は割れるでしょう。割れないのは、いまの通則法のままの独立行政法人に反対という一点だけです。国大協を割らないということが大切ですね。いま国大協を割ると、大学にとっても、国民にも政府にも学生にもよくない。私は言葉を柔らかくして、賛成とも反対とも言わない形で発言してきていますが、個人的にいえば、国大協を割らないためには、独立行政法人問題をもう一度根底から考え直さなければいけないと思います。……そこまで戻って考え直せないというなら、私は反対するしかないし、実際に各方面との折衝を本格的に始めなきゃいけないな、と考えているところです。」

国大協内部で独法化に対する意見が割れていることは、前述の自民党の高等教育研究グループの会合における、国立大学関係者の意見表明にも表れていた。鹿児島大学長として、地方大学の立場から独法化反対の先頭に立っていた田中弘允氏は、こう回想している。[8]

「2000年3月2日に、自民党高等教育研究グループ主査麻生太郎氏からの要請があり、私に国立大学の独立行政法人化について意見を述べるようにとのことでした。一橋大学の石学長、広島大学の原田学長と私田中が呼ばれました。石学長は、『日本の大学は護送船団方式で全く競争力がない。これを解決するために大筋としては独法化に賛成である。ただし、通則法のままでは問題がある』、原田学長は『独法化は決していいとは思わないけれども、政治家の方がおやりになるのだから間違いないでしょう。今後国立大学が悪くなったら政治の責任ですよ。これまで培ってきた財産をつぶさないでほしい』などと発言されました。私は『〈日本の高等教育における地方国立大学の意義〉と題する意見を書面にして出席者に配布し、もし独法化されるならば地方国立大学の長期にわたる地道な努力が過少評価され、地方の教育研究の多面性の崩壊を招き、ひいては地方経済の地盤沈下、過疎化につながる。したがって独法化に賛成できない』ということを申し上げた。（中略）高等教育研究グループの会合は、2月24日にも開催されており、東北大学、京都大学、九州大学の三名の学長さんが呼ばれて、意見を述べ、質疑応答がなされています。しかし、記録で見る限り、この時には独立行政法人の話題は全く出てないのですね。私どもは一体これはどうなっているのかと疑問を持ったのです。麻生グループでのこの2回の会合を通して言えることは、このときすでに学長の間で独法化に対して賛成あるいは反対、中立といった相異なる意見があったということです。国大協総会で、こうなったらもう仕方がないという意見も多かったことをあわせ考えますと、国大協はすでに一枚岩ではなくなっていた。旧帝大の三学長には独法化についての意見を聞いていなかったという事実、旧帝大の副学長会議が定期的に開かれ、そこに文部省の高官が出席していたという情報などのために、私達は、規模の大きい、歴史の古い、実力のある大学の学長、すなわち国大協の指導的立場にある学長は、文部省との関連で独法化賛成の方へ向かっているのではないかという感じを持ったわけです。」

麻生レポートで自民党のお墨つきを得た文科省は、5月26日、国立大学長・大学共同利用機関長等会議を開き、中曽根弘文文相が「有識者懇談会の下に調査検討会議を開催し、国立大学の関係者や公私立大学、経済界、言論界など幅広い分野から有識者の方々にご参集いただいて、多面的、多角的にご議論いただきたいと考えております[9]」と、法人化の具体的制度設計に入ることを明らかにした。

〈注〉

1 「国大協資料集第1部」119～123ページ所載。

2 同上書124～131ページ所載。

3 これら高度医療専門センターも、平成10年4月1日から、それぞれ独立行政法人となった。

4 「国大協資料集第1部」162～167ページ所載。

5 同上書150ページ所載。

6 同上書142～149ページ所載。

7 論座 2000年2月号18、19ページ所載。

8 田中氏の回想は、「国立大学法人研究会」2004年12月16日の会の記録による。

9 中曽根文相の説明は、「国大協資料集第1部」171～178ページ所載、調査検討会議の設置については、同書177ページ参照。

第6章 「構造改革」の衝撃

1 調査検討会議のスタート

中曽根文相が、「調査検討会議」を設けて、法人化の具体的制度設計に入ると明言した数日後、文部省は、国大協に「調査検討会議」の在り方を次のように提示した。[1]

①「基本」「目標・計画・評価」「人事システム」「財務・会計」の四つの検討グループを設ける。
②各グループ15名程度の構成とし、国立大学長3名、大学共同利用機関長1名、有識者（公立大学長、私立大学長、経済界、言論界）5名、研究者等5名、国立大学事務局長1名とする。
③別途、グループ間の調整に当たる連絡会議を設ける。

国大協は、総会で2日にわたり、調査検討会議への参加の可否を巡って討議し、次の4点を確認した。[2]

①独立行政法人通則法を、国立大学にそのままの形で適用することに強く反対するという姿勢を堅持する。
②副会長を正副委員長とする「設置形態検討特別委員会」を国大協に新設し、文部省をはじめ、内外の各方面への政策提言を積極的に行う。
③上記２点を踏まえ、文部省に設置予定の「調査検討会議」に積極的に参加し、国大協の意向を強く反映させるため努力する。
④科学技術基本計画に対応する、学術文化基本計画の策定を課題とする議論の場の設定を強く訴える。

国大協も事ここに至って、独法制度を土台にした法人制度設計のテーブルにつくことに踏み切ったわけである。調査検討会議は、国大協に提示した４検討グループのうち「基本」の名称を「組織業務」に改め、検討グループの名称を○○委員会とするなど形式を整え、ほぼ提示案通り組織された。各委員会の主査には、国大協の設置形態特別委員会メンバーであり、関係常置委員会委員長である国立大学長が選ばれている。

組織業務委員会の第1回の会合が7月31日に開かれたのを皮切りに、順次他の委員会も開催され、審議が進められていった。

調査検討会議は、審議事項を分担する四つの委員会と、各委員会の主査・副主査からなる「連絡調整委員会」で構成された。全体構想を審議する総会は置かれず、各委員会がそれぞれ分担事項を審議し、委員会間の連絡調整は「連絡調整委員会」が行うという、この種の会議としては異例な構成がとられた。その理由を、前述の中曽根文相の説明から推測すれば、調査検討会議は、「有識者会議」の下部組織であり、作業部会のようなものということであろう。

調査検討会議への参加の是非を討議した国大協総会でも、この点が論議され、「有識者会議」を最終決定機関であることを前提とする発言や、連絡会議（連絡調整委員会）に実質的権限を持たせよという主張もなされている。[3]

すでに見てきたように、「有識者会議」の運営は懇談会的なものであり、会長、議長に相当する代表者が置かれることもなく、「有識者会議」の名において提言がなされたこともない。調査検討会議を有識者会議の下に置くというのは、明らかに名目上のことであった。

文部省としては、前章で述べた通り、自民党政務調査会の提言を拠りどころとして、具体的な制度設計を進めるという考えであり、調査検討会議の異例な構成は、そのような状況を反映したものであろう。

2　民営化論の再燃

2001（平成13）年6月、小泉純一郎氏が、国民的人気を背景に自民党総裁選を制し、小泉内閣が発足した。文部科学大臣[4]には独立行政法人国立美術館理事長・国立西洋美術館長の遠山敦子氏が選任された。国会議員外からの登用である。遠山氏は文部省出身であり、文化庁長官退官後、トルコ大使として活躍した経歴を持つ。

郵政民営化に象徴される民営化路線、市場化路線を強烈な個性で強力に推進する小泉首相の登場は、ようやく軌道に乗った国立大学法人化の制度設計に、大きな衝撃を与えた。

小泉内閣発足後まもなく、文科省に激震が走った。小泉総理就任後初の所信表明演説に対して、参議院において民主党の代表質問の2番手に立った小林元議員の「国立大学の民営化を目指すべし」という質問に対し、小泉首相は文部科学省が用意した答弁を読み上げた後、突如顔を上げて小林議員の意見に賛意を表したのである。[5]

【民主党・新緑風会　小林元】
さて、総理は自民党総裁選の公約において、大学の研究と経営に競争原理を導入することを掲げています。今、国立大学の独立行政法人化が文部科学省で検討されています。徹底的に競争原理を導入するのであれば、中途半端な法人化よりも、思い切って国立大学の民営化を目指すべきだとも言えます。総理どのようにお考えでしょうか。

【内閣総理大臣　小泉純一郎】

国立大学の在り方についてでありますが、現在、政府は国立大学の独立行政法人化の問題について検討を進めておりますが、大学の教育研究の一層の活性化を目指し、競争原理の導入を含め、改革のためのいろいろな可能性を検討してまいりたいと思います。

なお、議員は思い切って国立大学の民営化を目指すべきだというご指摘でありますが、私はこれに賛成であります。国立大学でも民営化できるところは民営化する。地方に譲るべきものは地方に譲るという視点が大事だというように私は思っております。

先に述べたとおり、国立大学の民営化論は、新自由主義のエコノミストや政財官界の一部に、根強くくすぶり続けていたが、政府の責任あるポストにあるものが、公の場で発言したことはない。それを、参議院本会議という場で、総理大臣が突然国立大学の民営化に賛意を表したのである。遠山文科相はこの緊急事態に対応して、直ちに総理官邸に赴き小泉首相に国立大学の果たしてきた役割と意義を説明し説得に努めたが、小泉総理は国立大学を厳しく批判し、その数の大幅な縮減を求めた。さらに、経済財政諮問会議が、策定中の「骨太の方針」に国立大学の民営化を盛り込む動きを見せたという。

「経済財政諮問会議」というのは、この年1月からスタートした中央省庁改革再編の中で、総理が経済財政政策にリーダーシップを発揮するため、内閣府に設けられた合議機関である。総理が議長となり、官房長官、経済財政政策特命大臣、財務大臣、総務大臣、経済産業大臣、日銀総裁、民間人4人（財界人、学者各2名）がメンバーであり、各省大臣等は特定の議案について、臨時議員として参加できる。

小泉総理は、竹中平蔵氏を経済財政政策特命大臣に起用し、この会議を市場原理主義構造改革の推進拠点として、フルに活用した。「骨太の方針」とは、経済財政諮問会議が策定する「経済再生運営と構造改革に関する基本方針」を指すキャッチフレーズであり、小泉内閣の基本政策要綱の意味を持つ。そこに国立大学の民営化を盛り込まれては、取り返しのつかないことになる。

遠山大臣と文科省のスタッフは急遽、対案を練って総理の了解を求めた。これが、後に遠山プランと呼ばれる「大学（国立大学）の構造改革の方針」である。小泉総理はこの方針を理解し、了解した。直後に竹中大臣からこれを直ちに経済財政諮問会議にかけるよう、強い要求があり、遠山大臣が同会議で説明して了承を得たという。文科省は、この方針を打ち出すことにより、国立大学の民営化路線の進行を食い止めたといえる。[6]

3　国立大学構造改革の方針

「大学（国立大学）構造改革の方針」は次に掲げるように、3項目からなる短いものである。

大学（国立大学）の構造改革の方針

（経済財政諮問会議説明資料）文部科学省

平成13年6月11日―活力に富み国際競争力のある国公私立大学づくりの一環として―

1．国立大学の再編／統合を大胆に進める。

○各大学や分野ごとの状況を踏まえ再編／統合

・教員養成系など→規模の縮小・再編（地方移管等も検討）

・単科大（医科大など）→他大学との統合等（同上）

・県域を越えた大学・学部間の再編／統合　など

○国立大学の数の大幅な削減を目指す

→スクラップ・アンド・ビルドで活性化

2．国立大学に民間的発想の経営手法を導入する。
○大学役員や経営組織に外部の専門家を登用
○経営責任の明確化により機動的・戦略的に大学を運営
○能力主義・業績主義に立った新しい人事システムを導入
○国立大学の機能の一部を分離・独立（独立採算制を導入）
・附属学校、ビジネススクール等から対象を検討
↓新しい「国立大学法人」に早期移行

3．大学に第三者評価による競争原理を導入する。
○専門家・民間人が参画する第三者評価システムを導入
・「大学評価・学位授与機構」等を活用
○評価結果を学生・企業・助成団体など国民、社会に全面公開
○評価結果に応じて資金を重点配分
○国公私を通じた競争的資金を拡充
↓国公私「トップ30」を世界最高水準に育成

「国立大学の再編統合」は、法人化の制度設計には直接係わりはない。「民間的発想の経営手法導入」と「第三者評価による競争原理の導入」は、もともと独立行政法人制度に内在する要素である。国立大学の独法化の検討にも、当然その観点は含まれてはいたが、少なくとも建前は、「大学の自主・自律」と「説明責任」にあった。この「構造改革の方針」で、背景にあった市場原理的要素が前面に出てきたことになる。

この「構造改革の方針」は、総理説得のためのペーパーであり、公開を考えたものではなかったという。それが竹中大臣の強い要求で、直近の財政諮問会議にかけられ、突然公表ということになった。主要大学長には内々に伝えられていた模様であるが、調査検討会議での国立大学法人の制度設計が軌道に乗り、国大協の設置形態特別委員会がともかくも、「国立大学法人化についての基本的考え方」と「国立大学法人化の枠組」を取りまとめた直後のことである。大学関係者の受けた衝撃は大きかった。

4　産業政策の影

文部科学省は、経済財政諮問会議での説明の3日後、すでに開催が決まっていた定例の国立大学長会議で、「構造改革の方針」を説明したが、この学長会議は、文部科学省が直面した緊迫した情勢を反映してか、異例な展開を見せた。

各学長のテーブルには、通常の説明資料と別に、日本の大学の評価が調査対象国中最下位となっていることを示す資料が置かれていた。スイスの研究機関が作成した「世界競争力年鑑」[7]から抽出したものである。

前述の小林元議員の質問には、次の一節があった。

「産業競争力に資する教育の充実も重要であります。スイスのある研究所が発表した２００１年の世界競争力ランキングによると、かつて首位を占めた日本は、49か国中26位に落ち込みました。企業家精神、大学教育においては、日本は残念ながら最下位であります。今こそ新しい技術を生み出し産業に貢献する、地域に根差した大学を育成することが、急務であると考えます」。

資料の配布は、この質問を意識してのことであろうが、このランキングは、各国の企業家が自国の大学の国際競争力をどう見ているか、ということを表わすに過ぎない。しかも国公私立を通じた大学全体に対する評価である。

小林議員の質問には、当時経済産業省が経済財政諮問会議に提出した「新市場・雇用創出に向けた重点プラン」と相通ずるところがある。当時、産業政策に行き詰まっていた経産省は大学の研究力に目をつけ、「平沼プラン」と称して、大学発ベンチャー企業を3年間で3，０００社立ち上げるとか、戦略基盤・重点融合分野の研究開発の産官学総力戦とか、人目を惹くキャッチフレーズで、大学を産業政策に巻き込もうとする動きを見せていた。文科省もそれに対抗して「大学を起点とする日本経済活性化のための構造改革プラン」を、「構造改革の方針」と同時に発表している。学長会議で、わざわざ大学の国際競争力のランキング資料を配布したのは、この時点での文科省の問題意識の反映であろう。

冒頭の遠山大臣のあいさつ[8]は、前掲の「構造改革の方針」の説明を中心とし、厳しい事態に対処するため学長の協力を要請するものであったが、続く工藤高等教育局長の説明は、配布した高等教育局の説明資料には一切触れず、国立大学の体質批判に終始して出席者を驚かせた。翌日の読売新聞は、「強硬方針に文科省が転換」との見出しで、工藤局長が「大学側に努力がなければ見捨てていかざるを得ないと述べるなど、強い調子で改革への協力を訴えた」と報じた。

小泉総理の「聖域なき構造改革」の強烈なプレッシャーが、それまで大学の自主性尊重を基調としてきた文科省の姿勢に影響を及ぼしたものといえる。

5　骨太の方針

経済財政諮問会議は6月28日、骨太の方針と呼ばれる「今後の経済財政運営及び経済社会の構造改革に関する基本方針」を答申し、即日閣議決定された。

小泉内閣は、この基本方針で「聖域なき構造改革」を旗印に掲げるわけであるが、「構造改革のための七つの改革プログラム」のトップに「民営化・規制改革プログラム」を据え、国立大学に関して次のような方針を打ち出している。

「医療、介護、福祉、教育など従来主として公的ないし非営利の主体によって供給されてきた分野に競争原理を導入する。国際競争力のある大学づくりを目指し、民営化を含め、国立大学に民間的発想の経営手法を導入する」。

改革プログラムの4番目に「知的資産倍増プログラム」を掲げ、大学に関する公的支援について「大学教育に対する公的支援については、機関補助に世界最高水準の大学を作るための競争という観点を反映させる。また、個人支援を重視する方向で公的支援全体を見直す中で、教育を受ける意欲と能力がある人が確実にこれを受けられるよう、奨学金の充実や教育を受ける個人の自助努力を支援する施策を検討する。民間からの教育研究資金の流入を活発化するため、大学が受ける寄附金・大学が行う受託研究の充実のための環境整備について、税制面での対応を含め検討する」としている。

また、「第1章　構造改革と経済の活性化」の「3．経済の再生」の項に、「人材大国の確立」を掲げ、「特に国立大学については、法人化して、自主性を高めるとともに、大学運営に外部専門家の参加を得、民営化を含め民間的発想の経営手法を導入し国際競争力のある大学を目指す。他方、学生・社会人に対しては、奨学金の充実や教育を受ける個人の自助努力を支援する施策について検討する」としている。以上いずれも、第3章で紹介した「エコノミストによる教育改革の提言」の考え

（44、45ページ参照）と瓜二つである。

さらに、「第5章　経済財政の中期見通しと政策プロセスの改革」の「4．政策プロセスの改革」の項に、「新しい行政手法」として、「ニューパブリックマネージメント」を掲げ、それを支える理論として、「①徹底した競争原理の導入、②業績／成果による評価、③政策の企画立案と実務執行の分離」を挙げている。

この経済財政諮問会議の市場原理路線が、以後、陰に陽に国立大学へプレッシャーをかけ続けることになる。

6　調査検討会議の最終報告

小泉内閣の登場による状況の激変の中で、文科省の調査検討会議の各委員会の審議は続けられ、２００１（平成13）年9月27日に、「新しい『国立大学法人像』について」と題する中間報告が発表され、翌２００２（平成14）年3月26日、同じ題名の最終報告が発表された。

報告は、どのような大学を目指すのかという基本的な視点として、「個性豊かな大学づくりと国際競争力ある教育研究の展開」（視点1）という、大学改革本来の目的と並べて、「国民や社会への説明責任の重視と競争原理の導入」（視点2）、「経営責任の明確化による機動的・戦略的な大学運営の実現」（視点3）を掲げた。この報告は2年半前、文部省が国立大学の法人化へ踏み切った際発表した「国立大学の独立行政法人化の検討の方向」はもちろん、「麻生レポート」に基づく自民党政務調査会の提言「これからの国立大学の在り方について」ともトーンを異にするものとなった。明らかに、小泉内閣の骨太の方針、文科省の「構造改革の方針」の影響である。

特に、視点2で「国立大学における教育研究の世界に、第三者評価に基づく適切な競争原理を導入すべきである」とし、「評価結果に基づく重点的な資源配分の徹底を図るべきである」としたところに、競争重視の市場原理主義の影響が色濃く感じられる。国立大学法人の制度設計の文脈で第三者評価といえば、中期目標・計画の達成度の評価ということになる。それまでは、中期目標・計画の評価が、大学の教育・研究の自主性を阻害しないようにすることに、制度設計の力点が置かれていた。それを大学への競争原理導入の手段とし、資源配分を競争の動機付けにしようというのは、大きな方向転換である。

また、経営の視点が前面に出てきたことも大きな変化である。国立大学が法人化し、財務面でも運営の自由度が拡大されれば、経営が問題となるのは当然である。しかし、文部省の検討の方向でも、自民党の提言でも、経営担当の副学長を置くなど、学長の補佐体制の充実が必要であることは指摘しているが、管理運営の基本組織については、大学審議会の「21世紀の大学像」答申を受けて整備された、評議会、教授会、運営諮問会議からなる構造を継承する方針を明示している。それを調査検討会議では、後述のように経営・教学分離の視点から、経営重視の方向に修正している。さらに、このような流れの中で、有馬大臣が法人化に踏み切る理由とした教職員の公務員身分の維持も、非公務員化に変更されている。

文部科学省は、4月3日、国立大学長・大学共同利用機関長等会議を開いて、この報告書の概要を説明し、その具体化への協力を要請した。[9]

7 国大協苦渋の決定

国立大学協会は、調査検討会議の最終報告に対する基本姿勢を決定するため、4月19日、学術総合センター一橋記念講堂で臨時総会を開いた。総会では「今回まとめられた法人像は、全体として見るとき、21世紀の国際的な競争環境化における国立大学の進むべき方向として、おおむね同意できる。国立大学協会は、この最終報告の制度設計に沿って、法人化の準備に入ることとしたい」とする会長談話案[10]が配布され、長尾会長から、これを国大協の基本姿勢とすることが提案された。討議の後、挙手採決の結果、大多数の賛成でこれを承認したと記録されている[11]。国大協の歴史上初めての多数決による決定だという。

鹿児島大学長としてこの臨時総会に出席した田中弘允氏は、こう回想している。「4大学は制度の本質的問題を挙げて反対・懸念を示し、2大学は旧帝大との差別化が問題であるとし、3大学はこんな運営の仕方は学問の府の代表者のやるべきことなのか、といった厳しい意見を述べました。私も最後の3大学の中に入っています……私としては非常に残念でした。結果は多数決であればしようがないところがありますが、結局、国大協が正当な理由なしに、独立行政法人化反対を賛成に切り替えたという歴史的瞬間だったと思います。[12]」

特に、有馬大臣が法人化容認の理由とした教職員の公務員制が覆されて、非公務員化の結論が出されたことは、多くの国立大学関係者にとって、理不尽な方針転換と受け止められた。田中氏は非公務員化の決定について、「調査検討会議の中に連絡調整委員会というのがありますが、この委員会の本来の権限は各委員会の連絡調整を行うことで、新しく物事を決めるという権限はないんですけれども、実際は連絡調整会議で非公務員型というのがポンと決まってしまったわけですね。……国大協の執行部に同情した言い方をすると、それほど行政改革、あるいは政治の力が強かったのかなと思っております。しかし、その時には私は大変腹立たしく感じました」と述べている。この決定当時、国大協の副会長、設置形態特別委員長として執行部の中心にいた松尾稔名古屋大学総長も、「私は有馬先生の『公務員型だから賛成する』という言葉を信じていたんです。もし動きがあれば普通ですと打診というのがあるんです。そういう動きが全然なくて、突然連絡調整委員会に非公務員型というのが出てきた。私は最後まで非公務員化に反対したんですが、押し切られました[13]」と述べている。

内部に意見対立を抱えて、独立行政法人通則法そのままの適用に反対といいながら、国大協としての代案を正式に提示することなく調査検討会議に参加するという、苦渋の対応を続けてきた国大協は、この総会で調査検討会議の最終報告を了承し、それに基づく法人化の準備に入ることを正式決定したわけである。

〈注〉

1　「国大協資料集第1部」182ページ参照。
2　同上書191ページ参照。
3　同上書184ページ参照。
4　2001（平成13）年1月、中央省庁の再編統合が行われ、文部省は科学技術庁を加えて文部科学省に再編された。
5　平成13年5月11日第151国会参議院本会議議事録による。
6　この間の事情については、遠山敦子『こう変わる学校　こう変わる大学』（講談社　2004年）147〜150ページ参照。
7　スイス・ローザンヌにある International Institute for Management Development が毎年刊行している "*World Competitiveness Yearbook*" である。
8　「国大協資料集第1部」225〜227ページ所載。
9　同上書262〜265ページ所載。

10　同上書２７０～２７１ページ所載。

11　同上書２６９ページ参照。

12　田中氏の回想は「国立大学法人研究会」平成16年12月16日の記録による。

13　松尾氏の回想は、「国立大学法人研究会」平成16年６月18日の記録による。

第7章　新しい国立大学法人像

1　法人の基本構造

調査検討会議の最終報告「新しい国立大学法人像について」は、国立大学法人の基本設計図に当たる。法制化等実施設計の段階で、次章に述べるように重要な修正が加えられるが、国立大学法人制度の構想を理解するため、この基本設計図を概観してみる。[1]

法人の基本構造はまず次の5点に集約できる。

①大学ごとに法人格を付与する。
②大学の運営組織と別に法人固有の組織を設けない。
③学校教育法上の大学の設置者は、国とする。
④学長が法人を代表する法人の長となる。

⑤学長、副学長が法人の役員となる。（別に役員として監事が新たに置かれる）

この基本構造は、既述の文部省の当初の「検討の方針」、自民党政務調査会の「提言」から変わっていない。国大協も早い時期から、この基本構造を法人化検討の前提としていた。この基本構造の中核は、大学自体に法人格を与える、すなわち大学と法人を一体とするところにある。大学と法人が一体である以上、その管理運営組織も当然一体となる。学長が法人の長となり、副学長が法人の役員となるのは当然の帰結である。最終報告は、このような構造にする理由を、「教学・経営の一体的な合意形成」「設置者としての国による大学への関与」「既存の大学運営の実態」などを総合的に考慮したと述べている。

このように、大学に法人格を付与する方式は、国家機関性の強いドイツ、フランスなどヨーロッパ大陸諸国の国立大学に共通する方式であり、大学の設置・管理者としての理事会に法人格を付与する英米系の大学とは、対照的である。国立大学に法人格を付与しても、国の設置した大学であることに変わりはなく、大学の設置者は国ということになる。上記基本構造の③で、「学校教育法上の大学の設置者」と断っているのは、学校教育法第5条「学校の設置者は、その設置する学校を管理し、法令に特別の定めがある場合を除いては、その学校の経費を負担する」の規定を意識してのことであろう。国立大学を法人化しても、設置者である国の財政面の責任に変わりはないということを意味する。

制度設計の要ともいうべきこの基本構造が、法制化段階で重大な修正を受けることになる。

2 学内運営組織

大学・法人一体の構造を取れば、役員以外の法人の運営組織も大学の運営組織がそのまま法人の運営組織になる。文部省の当初の「検討の方針」が、「評議会、教授会、運営諮問会議は、国立大学における自主的、自律的な意見集約、意思決定に不可欠な組織として、法令に規定する」とし、自民党政務調査会の「提言」でも、「評議会、教授会、運営諮問会議といった大学の管理運営の基本組織を明確に位置付ける」としたのは、その時点での国立大学の管理運営の基本組織を、法人化後も継承するという意味である。

すでに触れたように、1999（平成11）年、文部省は、大学審議会の「21世紀大学像答申」に基づいて、長年の懸案だった国立大学の管理システムの法制化を、国立学校設置法の改正により実現している。

この改正で、学内教学組織の代表者で構成する全学審議機関である評議会と、大学自治の基盤機関とされてきた教授会の組織、権限などが整備され、長年の懸案だった学外者の意見の反映のための組織として、「運営諮問会議」が創設された。大学・法人一体の方式を取る以上、法人化を前にして法制化された大学の管理運営体制を継承するのは、自然な姿である。ところが、最終報告は、この方針を大きく修正していた。「構造改革の方針」が強調した経営重視の影響と考えられる。

最終報告は、「経営面に関する権限と責任の所在を明確化するとともに、その権限と責任を担う組織に学外の有識者を参画させることが重要である」として、学内運営組織を次のように提示した。

> (1) 全学的審議機関を教学面の審議機関である「評議会(仮称)」と経営面の審議機関である「運営協議会(仮称)」に二分する。「評議会」は従前の評議会と同様、学内教学組織の代表者で構成し、運営協議会は、相当数の学外有識者と役員等経営関係学内代表者で構成する。
> (2) 学長は両機関の審議を踏まえ、最終的な意思決定を行うが、特定重要事項については、役員会(仮称)の事前の議決を経る。役員会は監事を除く役員で構成し、学外役員を必ず含む。

まず注目されるのは、全学的審議機関を経営面と教学面に二分したことである。前述の国立学校設置法改正で法制化された評議会は、教学のみならず予算の見積り等、大学運営全般にわたって重要事項を審議する権限を有していた（国立学校設置法7条の3）。それが、報告書では審議の範囲を教学に関する重要事項に限定され、名称も、法制化の段階で、「教育研究評議会」と限定的に改められている。また、同じ国立学校設置法改正で国立大学に必置されることとなった運営諮問会議は、学外有識者のみで構成され、大学運営全般にわたって学長の諮問に応ずるほか、学長に助言、勧告を行う権限を有していた（同法7条の2）。それが、報告書の運営協議会では、学外有識者と、学内経営代表者双方で構成され、審議対象は、財務会計等経営面に関する重要事項に限定されている。名称も、法制化の段階で、「経営協議会」に改められている。

学外の意見を大学運営に反映するシステムの構築は、戦後、国立大学管理の重要課題とされ続けてきた。その観点から見ると、ようやく法制化された運営諮問会議を経営に限定した経営協議会へ変更し、しかも法制化の段階で学長主宰の会議としたことは、むしろ後退という感じもする。いずれにせよ、前述の基本構造の基本である「教学・経営一体の合意形成」の観点からは、疑問が残る制度設計である。

次に注目されるのは、役員会を正規の合議制の機関として位置づけ、特定重要事項について、学長の意思を拘束する議決権を与えたことである。学長一人に教学・経営両面にわたる最終的責任を負わせることに無理があるとの判断からであろう。適切な判断とは思うが、役員会が理事会的機能を担うということではない。役員会が最終意思を決定するわけではないし、役員会のメンバーはすべて学長が選任したものだからである。

なお、この重要な制度設計も法制化の段階で修正され、役員会は正規の合議制機関にはなっていないし、議決権も持たない。

中間報告では、学内運営組織のあり方について、①学外の有識者の参画のあり方、②教育研究者からなる組織に経営面の責任を負わせる可否、③役員会を正規の組織とすることの可否、という三つの論点を踏まえて、選択肢を提示していた。

A案　経営教学一体的に審議する評議員会に、相当数の学外者が参画する。役員の合議は事実上の役員会において、必要に応じて行う。

B案　経営と教学は、運営協議会と評議会が分担して審議し、運営協議会には相当数の学外者が参画する。役員の合議は事実上の役員会において、必要に応じて行う。

C案　評議会に若干名の学外者を参画させ、運営諮問会議は存置する。特定重要事項は正規の役員会で議決を行った上、学長が最終的意思決定を行う。

既存組織を承継するそれまでの方針に一番近いのは、C案である。それがB案をベースにしたものとなったのは、経営重視の掛け声に適していたからであろう。

評議会、運営諮問会議とともに国立学校設置法に位置づけられた教授会については、最終報告に一切言及がない。学校教育法に規定があるからそれでいいということのようであるが、学校教育法では「大学には、重要な事項を審議するため、教授会を置かなければならない」（93条1項）と規定しているだけである。それを国立大学の運営組織にどう位置づけるかは、大学・法人一体の国立大学法人の管理運営上、重要な意味を持つ。現に国立学校設置法では、教授会を置く組織、教授会の審議事項等についてかなり詳細な規定を設けていた。何も規定しなければ、各大学・法人の判断に任せるということになるので、支障はないかもしれないが、制度設計の在り方としては、疑問が残る。

3 学長の選任

国立大学法人の制度設計において、法人の長を兼ね、法人の最終の意思決定の権限を握り、対外的に大学を代表する唯一の存在とされた学長は、名実ともに国立大学法人のリーダーである。従来学長の選考は、教育公務特例法により、教員層の代表からなる評議会が行うこととされていたが、ほとんどの大学で、戦前帝国大学で確立された慣例にならって、全学教員層の投票結果に基づいて学長を選考する方式をとっていた。

法人化の検討過程では、文科大臣による学長の任命は、大学の意思を尊重して行うという点では異論がなかったが、学内での選考方法については見直しを求める声が強かった。

文科省の「検討の方針」は、「現行の教育公務員特例法の規定に則り、評議会により実質的な学長選考が行われるよう、学長選考の方法を検討する」としていた。

自民党の「提言」では、「より大きなリーダーシップが期待される学長に、真に大学運営に見識を有する適任者が選ばれるよう、選任の在り方を見直す必要がある。学長選考は、制度上評議会が行うこととされているが、実際には慣行的に全学投票によって選考が行われる結果、必ずしも適任者が学長に選ばれないような状況は、速やかに改善されるべきである。具体的には、国立大学の社会的責任を明確にし、社会との連携の下に適任者を選ぶとの考え方に立って、学長選考のための学外の関係者及び学内の代表者（評議員）からなる推薦委員会を設けた上で、これに『タックス・ペイヤー』を参加させるなど、選考方法の適正化を図るべきである」との見解を示していた。

その後にまとめられた国大協の設置形態特別委員会の「国立大学法人の枠組」でも、「評議会による学長の選考に当たっては、外部者の意見を反映させる」としている。[2]

学長の選考について全学投票方式をそのまま維持することは困難であり、何らかのかたちで学外の意見を反映するという方向が、大勢であった。

最終報告は、「経営に責任を持つ法人の長としての役割と教学の長としての学長の役割を等しく重視する観点から、運営協議会（経営協議会）[3]及び評議会（教育研究評議会）の双方のメンバー（の代表）から構成される学長選考委員会（学長選考会議）において、学長の選考基準、手続きを定め、学長候補者を選考する」と提言した。学外者の参加する運営協議会が参画することにより、外部の意見を反映させるということでもある。

法制化の段階では、経営協議会の代表は学外委員に限定され、学外意見の反映という趣旨がより鮮明になっている。

一方、「選考課程において学内者の意向聴取手続（投票など）を行う場合であっても、……候補者を絞った上で意向聴取手続を行うことや、意向聴取者の範囲を……教育研究や大学運営に相当の責任を有する者に限定することなどが重要である」として、従来の全学投票方式について、一定の配慮も示している。

4　教職員の非公務員化

人事制度についての最大の問題は、教職員に公務員の身分を付与するかどうかにあった。有馬大臣は、公務員型を前提として法人化に踏み切ったわけであるが、小泉内閣の登場で非公務員化を求める声が高まってきた。特に技術開発に国立大学の理工系教員の力を自由に活用したい産業界、経産省の関係者、それを背景とする科学技術関係議員などの圧力が、大きかったと思われる。小泉内閣の民営化路線がこれらの圧力を増幅したことも当然考えられる。

中間報告では、「法人への円滑な移行を図るとともに、教員以外の職員を含め、大学間の交流を促進するため、公務員型としつつより柔軟な人事制度を実現すべし」という意見と「採用その他さらに柔軟な人事制度を実現するため非公務員型とすべし」という意見を併記して判断を保留していたが、最終報告では、はっきり非公務員化に舵を切った。調査検討会議の審議結果というよりは、文科省の方向転換だったことは、前章の田中、松尾両氏の回想からも明らかである。

非公務員型選択の理由としては、①国家公務員体系にとらわれない柔軟で弾力的な雇用・給与・勤務時間体系、②外国人の学長、学部長等管理職への登用、営利企業の役員を含む兼職、兼業のより弾力的な運用、③試験採用の原則によらない専門的知識・技能等を重視した職員採用など、弾力的な人事制度により職員の多彩な活動が可能となることを挙げている。

非公務員型が法令の規制がより緩やかであり、柔軟な人事が可能であることは確かである。しかし、公務員型か非公務員型かの重要な問題点は、職員の身分保障と給与支給に法制上国が責任を持つか否かということにある。特に、国立大学の教員については、教育公務員特例法（昭和24年法律第1号）の適用対象になるかならないかが大きな問題である。教育公務員特例法は、教員、学部長等の選任については教授会が実質的に決定権をもち、学長の選任については評議会が実質的に決定権をもつなど、戦前からの大学自治の慣行を戦後法制化したもので、大学自治の中核的保障と考えられてきた法制である。非公務員型を選択すれば、国立大学の教員は教育公務員特例法の適用対象から自動的に外れることになる。学長の選任については、前述の新方式が提示されているが、教員や学部長等の選任方式については一切言及がなく、各大学・法人に委ねられることになる。各大学が自由に決められるのだからそれでよいという判断は当然あろうが、前述の国立学校設置法の改正の際、教育公務員特例法も手直しされ、大学の方針を教員の選考に反映させる規定が設けられたばかりのところである。[4] この問題を正面から論ずることなく非公務員化が決定されたことには違和感を覚えざるを得ない。

5　中期目標・計画・評価

主務大臣による中期目標設定・中期計画認可と目標到達度の評価は、独立行政法人制度の要ともいうべき目標管理システムである。このシステムを、学問の自由、大学の自治を運営原理とする国立大学に対しそのまま適用することはできないという点では、早くから関係者の意見は一致しており、それを如何に修正するかが最大の課題であった。

最終報告は、それまでの論議を踏まえて、次の諸点で、独立行政法人制度と異なる制度設計をしている。

①中期目標については、大学の教育研究の自主性・自律性を尊重する観点からあらかじめ各大学が文部科学大臣に原案を提出するとともに、文部科学大臣がこの原案を十分に尊重し、また、大学の教育研究の特性に配慮して定める。
②中期目標・計画の期間は、大学におけるカリキュラム編成の実態や修業年限等を考慮し、6年を原則とする。（独立行政法人通則法では、3年以上5年以下の期間）
③評価主体として文部科学省に独立行政法人評価委員会と別に国立大学評価委員会を設ける。
④国立大学評価委員会は、教育研究に関する事項については、評価に先立って大学評価・学位授与機構の意見を聴き、尊重する。

教育研究評価を大学評価・学位授与機構に委ねるのは、大学の教育研究への政府の直接介入を避けるための配慮である。

大学評価・学位授与機構とは、大学審議会の「21世紀大学像答申」の「多元的な評価システムの確立」の提言を受けて、各大学の自己点検・評価活動を支援・促進するために設立された大学共同利用機関である。それを国立大学法人の教育研究評価の責任機関とするということである。同機構は国立大学法人法成立の際、関連法案で独立行政法人にされる。

報告書は、目標・評価の仕組みの検討の視点として次の3点を提示する。

①明確な理念・目標の設定による大学の個性の伸張
②第三者評価による教育研究の質の向上と競争的環境の醸成
③目標、評価結果等の情報公開による説明責任の確保

この視点に立って、制度設計の基本的考え方をこう述べている。

「中期目標・中期計画の策定とこれらを前提とした評価の仕組みは、国としての高等教育・学術研究に係わるグランド・デザイン等と、大学ごとの基本理念や長期的な目標を踏まえ、一定期間における両者の制度的な調和と各大学の質的向上を図るための改革サイクルとして位置づけられる。

また、中期目標・中期計画・評価の各段階で広く公表することを通じて、国立大学としての国民に対する説明責任を果たすことにも資する。」

注目されるのは、評価の内容に関して、「評価は、各大学ごとに中期目標の達成度について行う

とともに、各大学の個性を伸ばし、質を高める観点から分野別の研究業績等の水準についても行う」と明言していることである。

中期目標達成度評価が、独立行政法人制度を下敷きにした目標管理システムにおける本来の評価である。研究業績水準の評価は、当然各大学を通じて同一の基準による評価であり、大学の原案を尊重して設定する目標達成度の評価とは、明らかに目的・性格を異にしている。異質の評価をあえて加えたのは、構造改革の競争重視の方針に応えて、第三者評価を競争促進の政策手段にするための工夫であろうが、目標管理システムの枠を超えた異質の水準評価を国立大学法人評価のシステムに包括したことが、国立大学法人評価の目的・性格をわかりにくいものにしたことは否定できない。

6 財務会計システム

報告書は、国立大学法人の財務会計の制度設計の視点として、次の三つを掲げている。

> (1) 教育研究等の第三者評価の結果等に基づく資源配分
> 運営費交付金等の資源配分に当たり、競争的環境を醸成し、各大学の個性ある発展を促進する観点から、各大学の教育研究等についての第三者評価を適切に反映。
>
> (2) 各大学独自の方針・工夫が活かせる財務システムの弾力化

*使途を特定せず各大学の判断で弾力的に執行できる、運営費交付金制度の採用。

*国が示す範囲内で各大学の方針・工夫で学生納付金の額を設定。

*国が措置する施設費による整備のほか、長期借入金、土地処分その他の自己収入による整備も実施。

*寄附金等の自己収入は運営費交付金とは別経理。など
（3）財務面における説明責任の遂行と社会的信頼性の確保
*運営費交付金算定・配分基準・方法の公表
*各大学の毎年度の財務内容の公表・公開。など

視点の1番目に、教育研究等第三者評価に基づく資源配分を掲げているのは、やはり競争重視の構造改革の方針を意識してのことであろう。競争的評価が可能なプロジェクトに対する資金配分については当然なことであるが、大学の基盤的経費にあてるべき運営費交付金の配分について、大学間の比較が意味を持たない目標達成度評価の結果を反映させようというのは、理解し難い。

視点の2番目に改めて出てくる使途を制限しない運営費交付金制度の採用は、独法化最大のメリットとして強調されてきたものであり、その算定方法は次の①と②を合計した額としている。

①学生数等客観的な指標に基づく各大学に共通の算定方式により算出された標準的な収入・支出

額の差額（標準運営費交付金）

②客観的な指標によることが困難な特定の教育研究施設の運営や事業の実施に当たっての所要額（特定運営費交付金）

自己収入については、通常業務に伴う収入（学生納付金、附属病院収入等）は、運営費交付金の算出（収支差の算定）に用い、それ以外の収入（寄付金等）は運営費交付金とは別に経理し、運営費交付金の算出には反映させないとしている。

自己収入の中心である学生納付金については国が標準額を定め、国が定める範囲内で各大学が具体的な額を定める方式を提示した。

施設整備費については、国立大学の施設整備は国家的な資産形成なので、国が運営費交付金と別に措置する施設費を基本財源とするが、長期借入金等の自己収入やＰＦＩによる整備も可能とした。

〈注〉

1　調査検討会議の報告に関する記述は、報告当時に文部科学省が配布した「新しい『国立大学法人像』について」（平成14年3月26日、国立大学の独立行政法人化に関する調査検討会議）および「同中間報告」（平成13年9月27日）による。

2 文科省の「検討の方向」中の記載は「国大協資料集第1部」128ページ、自民党提言中の記載は同書166ページ、国大協設置形態特別委員会の「国立大学法人化の枠組」中の記載は、同書204ページにそれぞれ所載。

3 以下、機関名の後の（ ）内名称は、それぞれの機関が法制化された名称である。

4 「前項の選考（教授の採用・昇任の選考）について教授会が審議する場合において、その教授会が置かれる組織の長は、当該大学の教員人事の方針を踏まえ、その選考に関し、教授会に対して意見を述べることができる」（4条6項）。平成11年法律第55号で追加。

5 PFI（Private Finance Initiative）とは、公共施設等の建設、維持管理、運営等を民間の資金、経営能力および技術的能力を活用して行う新しい手法のことである。

第8章　国立大学法人法制定

1　大学・法人一体構造の修正

文部科学省は、調査検討会議の最終報告「新しい『国立大学法人像』について」を受けて、その法案化を進めた。その過程で、最終報告の制度設計はかなりの変更をこうむる。最も重要な変更は、制度設計の要である「法人・大学一体」の基本構造の修正である。

国立大学の法人化に当たり、法人と大学を分離せず、「大学・法人一体」とすることが、法人化検討の当初から制度設計の基本であった。それが、「国立大学法人が国立大学を設置、運営する」という構造に変えられたのである。内閣法制局が、法人・大学一体の法制化を認めなかったからといわれる。

大学が法人格を持つことが法律上問題ないことは、英国を除くほとんどのヨーロッパ諸国で、大学が法人格を持つという方式を取っていることからも明らかである。日本でも、初めて私立大学を認めた大学令（大正7年勅令388号）では、「私立大学ハ財団法人タルコトヲ要ス但シ特別ノ必要ニ因リ学校経営ノミヲ目的トスル財団法人ガ其ノ事業トシテ之ヲ設立スル場合ハコノ限リニ在ラス」（第6条）と規定して、大学即財団法人であることを本則とし、財団法人が大学の設置者となることは、但し書きで、例外的に認めているに過ぎない。

それにもかかわらず、法制局がそれを認めようとしなかったのは、独立の法人格を持ち資産を所有する大学について、学校教育法上の設置者を国とすることは、学校教育法の体系上難しいということだったという。

この問題の重要性は、前章で述べたように、法人化後の国立大学の設置者が誰になるかによって、国立大学の管理、経費負担の学校教育法上の最終的責任の所在が変わるところにある。学校教育法第5条は、「学校の設置者は、その設置する学校を管理し、法令に特別の定めがある場合を除いては、その学校の経費を負担する」と規定している。国立大学の設置者が国立大学法人ということになれば、国立大学の管理・経費負担の責任は、設置者としての国立大学法人が負うことになり、国は、国立大学法人法の定めるところにより、国立大学の設置者である国立大学法人の管理・運営・経費負担に責任を負うというかたちになって、法的には国と国立大学との関係は間接的なものになる。

制度設計に係っていた文科省担当者が「制度設計の当初から我々が法制的に一番問題視したのは、

法人化してもなお国が設置者だということをどうやって守るのか、それが生命線だと思っていました」と回想しているが、文科省はこの問題について、強く原案を主張したものと思われる。

結局、学校教育法で「国の設置する学校という場合の『国』には国立大学法人を含む」という趣旨の改正を行う（学校教育法2条）ことで法案がまとめられた。この改正で、国立大学法人が設置する大学も学校教育法上の国立学校となるが、設置者の管理・経費負担責任を定めた学校教育法第５条には改正が及ばず国立大学の設置者は、国ではなく、国立大学法人ということになった。法技術的にはこのような結果となったが、国の設置する学校に国立大学法人の設置する大学を含めるこの改正は、国立大学法人法に基づく国の国立大学法人に対する管理・経費負担責任が、学校教育法第５条の設置者責任に相当する重さがあることを示すものと受け止めたい。

２　一体案修正の影響

法人・大学一体案が修正され、国立大学法人が国立大学の設置者であるという構成に改められたことにより、「国立大学法人法案」は、「……国立大学を設置して教育研究を行う国立大学法人の組織及び運営……について定めることを目的とする」（同法1条）ものになった。法人と大学が法律上分離されたことは、国立大学法人の制度設計に大きな影響を及ぼした。

第一に副学長が、法人の役員でもあるという構造が崩れ、法人役員として理事が置かれることになった（同法10条2項）。副学長は大学の長としての学長の補佐、理事は法人の長としての学長の補佐ということになる。

第二に、大学の業務と別に法人の業務が定められることになり、国立大学法人の業務として、次の7項目が定められた（同法22条）。

①国立大学の設置・運営。
②学生の修学、進路選択・健康等に関する相談その他の援助。
③他法人等からの受託研究、他法人等との共同研究、連携教育研究活動の実施。
④公開講座の開設等学生以外の者に対する学習機会の提供。
⑤研究成果の普及及び活用の促進。
⑥技術研究成果活用促進事業の実施者への出資。
⑦以上の業務の附帯業務。

②から⑤までの業務は、大学の本来業務と考えられるものばかりである[1]。それらを別に法人業務として列挙したのは、法人法としての形を整えたいためであろうが、法的には、法人業務と大学業務が分離したことになる。

業務の⑥は、大学発のベンチャー企業への出資を想定したものである。調査検討会議の報告では、「構造改革の方針」を受けて、附属学校、ビジネススクール等の独立を視野に置いて、「業務の一部については、別の法人に実施させるため、出資を可能にする」としていたが、出資は技術移転関連に限定された。財務当局の強い反対によると言われる。

学長を法人の長としながら、法人を大学の設置者としたことにより、国立大学法人制度は、ヨーロッパ型と英米型のハイブリッド型ともいうべき独特のものとなった。

法人を大学の設置者としたことにより、理論的には、学校法人対私立大学の場合と同様、国立大学法人に対する国立大学の関係、「大学自治」のあり方が問題となる。大学の運営について国立大学法人の決定がすべてであるかのような理解が一般的であるが、法人と別に大学の意思決定システムを考えなくてよいのか、気になるところである。

３　重要なポイント

そのほかにも、調査検討会議の制度設計に対し、法案化の段階で法的整備が施され、また、重要な修正が加えられている。

最も重要な法的整備は、制度設計の基調となってきた大学の自主性の尊重を保障するため、国に大学の教育研究の特性への配慮義務を課す次の規定を設けたことである。

（教育研究の特性への配慮）

第三条　国は、この法律の適用に当たっては、国立大学及び大学共同利用機関における教育研究の特性に常に配慮しなければならない。

独立行政法人通則法でも、独立行政法人の業務運営における自主性に対する国の配慮義務が定められ（通則法3条3項）、国立大学法人にもそれが準用されているが、「国立大学における教育研究の特性への配慮」は、憲法が保障する「学問の自由」とその制度的保障である「大学の自治」を基盤としたものと考えられ、はるかに重要な意味を持つ。国立大学法人が国立大学の設置形態として、有効適切に機能するかどうかは、この規定の活かされ方にかかっているといっても過言ではない。

調査検討会議の制度設計の修正で注目されるのは、役員会に関する修正である。「特定重要事項については、学長の意思決定に先立ち役員会の議決を経る」としていた案が、法案では「学長は、次の事項について決定しようとするときは、学長及び理事で構成する会議（第五号において「役員会」という。）の議を経なければならない。」（11条2項）と修正された。原案は、「役員会が議決により役員会の意思を決定してから、学長が最終決定を下す」ということで、学長の決定に対する拘束性が強いが、法案は「役員会」での事前審議を義務付けただけで、学長の決定に対する拘束性は弱い。また法案では、「役員会」の設置を定めたわけではなく、「学長及び理事で構成する会議」の略称に用いたに過ぎない。

役員会を議決機関として法制化することは、学長への過度の権限集中を抑制する適切な措置と思うが、それが修正された理由は定かでない。おそらく、法人の長のリーダーシップを重視する独立行政法人の組織モデルに反することが、障害になったのではなかろうか。

学長のリーダーシップの重視という点では、主要審議機関である経営協議会、教育研究評議会の双方とも、学長が議長として会を主宰するとされた（20・21条5項、6項）。教育研究評議会はともかく、学外者が参加する経営協議会を学長が主宰するのは、学外者の意見重視という観点からは疑問が残る。

財務関係については、法人化の目玉とされた使途を拘束しない運営費交付金は法律では規定されず、国立大学法人に対する資金交付の法的根拠については、独立行政法人通則法の次の規定が準用されている。

「政府は、予算の範囲内において、独立行政法人に対し、その業務の財源に充てるために必要な金額の全部又は一部に相当する金額を交付することができる」（35条で、通則法46条を準用）。

授業料等の学生納付金については、調査検討会議が提言した「標準額と上限額を定め、各国立大学法人が実際の納付額を決定する方式」は、文部科学省令の定めに委ねられた（22条4項）。

4　独立行政法人制度との関係

国立大学法人制度の検討は、独立行政法人通則法を国立大学にそのまま適用することは不適当という視点から進められた。裏返せば、不適当な部分は変更するが、その他の部分は独法制度の枠組みに従うということになる。事実、国立大学法人法案では、制度の要である目標管理システム、財務・会計制度を中心に、独立行政法人通則法の規定を大幅に準用している（35条）。国立大学法人法案の本則の条文数は41、そこから国立大学共同利用機関に関する規定を差し引くと32である。その中には個々の独立行政法人の設立を定めるいわゆる個別法の規定に相当する規定も含まれており、法人制度に関する条文数はさらに少なくなる。それに対して、準用される独立行政法人通則法の条文数は40あり、国立大学法人制度を形成する国立大学法人法は、適用条文の大半を独立行政法人通則法の準用に依存していることになる。国立大学法人法は、独立行政法人通則法の準用規定をあわせ読まなければ、国立大学法人制度を把握できない構造になっている。

ただし、「準用」というのは、「あることに関する規定を、別の類似のことに、必要な変更も加えて当てはめること」であるから、国立大学法人が独立行政法人通則法の適用をそのまま受ける独立行政法人ではなく、別の種類の法人であることを示している。法人化の検討の過程で言われた「特例法」というのは、通則法の規定がそのまま適用されることを前提として、特定の規定についてだけ特例を定めるものであるから、国立大学法人法は、独立行政法人の通則法の特例法ではない。法形式で見る限り国立大学法人は、明らかに独立行政法人とは別種の法人である。しかし、目標管理システムをはじめ制度の基幹部分を通則法の準用に依存している点に着目すれば、実質的には独立行政法人の枠組みの中の法人と言えないこともない。

文科省も当初は、国立大学法人制度は独立の法人制度ではあるが、広い意味では独立行政法人の枠に入るというような説明をしていた。しかし、この問題は国会審議の一つの論点となり、文科省も、独立行政法人とは別の法人制度であると言いきるようになった。

国立大学法人化の経緯を考えると、国立大学法人がともかくも独立行政法人と異なる別種の法人として法制化されたのは、関係者の努力の成果であり、その意義は大きい。

５　国会審議と国立大学法人法の成立

国立大学法人法案は、独立行政法人国立高等専門学校機構法案など関連5法案とともに、２００３（平成15）年2月28日閣議決定され、開会中の第１５６回国会に提案された。

法案は、４月３日の衆議院本会議に上程され、文部科学委員会の審議を経て、５月22日の本会議で自民、公明両党の賛成多数で可決、参議院に回付された。参議院では、翌23日の本会議に上程され、文教科学委員会の審議を経て、7月9日の本会議において、自民、公明両党の賛成多数で可決、成立した。

民主党をはじめ野党各党は反対票を投じた。反対理由を両院本会議の採決前の討論から要約してみる。

○衆議院民主党・無所属クラブ　牧野聖修議員

・法案は、国立大学の自主と自立をうたっているが、今よりも文部科学省の支配、コントロールが強くなる。
・文部大臣が定める中期目標を実行に移す中期計画を各大学が作成し、文部科学大臣の認可を受ける、このシステムに大学の自立と自主性を尊重する意図はなく、法人化の意味がない。
・各大学の生殺与奪の権力をもつ国立大学評価委員会の構成、評価基準、評価方法が未定であり、評価によって決定される運営費交付金の額の基準、算定方法も不明である。
・大学の役員に学外者の受け入れを義務付けているのは、予算獲得のための文部科学省からの天下りの受入れを助長する。
・評価委員会のよい評価を得るための研究が優先され、交付金を多く得るための学問に変質する。

○参議院民主党・緑風会　山根隆治議員

・大学が目指すべき目標を、文部科学大臣がしかも財務大臣と事前協議の上で定めるなど言語道断。

・大学の目標設定と事後評価に文部科学省が深く関与することとなれば、新たな天下りの温床になることは明白である。

・寛容で伸びやかな価値基準という我が国の文化的蓄積、歴史に反する。

民主党は、法案の修正を衆、参両院で提案したが、賛成少数で否決されている。修正案は、大学の自主性の尊重を主眼としたもので、主要点は次の通りである。

○民主党修正案

・学長の選考は、学部等重要教育研究組織の教育研究者の推薦を受けた者の中から行う。

・教育研究評議会の審議事項に、予算の作成、執行、重要組織の改廃を追加する。

・国立大学法人の出資可能事業を、国立大学法人が行う事業に関する事業一般に拡大する。

・中期目標・中期計画は大学が作成、文部科学大臣に届け出ることにする。
・総務省の「政策評価・独立行政法人評価委員会」が行う主務省評価委員会の評価結果に対する評価・意見陳述および独立行政法人の主要事業・業務の改廃に関する主務大臣への勧告は、国立大学法人には準用しない。

○衆議院自由党　佐藤浩治議員
・独立行政法人の変型版である国立大学法人という特殊な制度をとる理由が不明確で、政府・文部科学省の強い関与や権限を及ぼすためであり、容認できない。
・国立大学が法人化されると経営責任が加わるが、大学が経営に時間と手間をとられ、教育学術研究がおろそかになるのは本末転倒であり、結果として、国が高等教育や基礎研究分野の役割を放棄することになる。

○衆議院日本共産党　児玉建次議員
・大学の中期目標を文部科学大臣が定め、教育研究への国家統制を行う。
・大学の教職員を教育公務員特例法から適用除外している。
・国立大学の設置者を法人とし、国の財政責任を後退させる。

○参議院日本共産党 畑野君枝議員

・教育研究の中期目標を文部科学大臣が定め、中期計画を認可することは、大学の自主性・自律性を阻害し、学問の自由を侵害する。

・財政責任を法人に押し付け、世界一高い授業料をさらに引き上げ、国民の負担を増やす危険性がある。

・文部科学省の国立大学評価委員会のみならず、総務省による評価を受け、その結果が予算配分に直結し、廃止、民営化を含めた生殺与奪の権を文部科学省が握ることで、大学の自主性、自律性、地域で果たす役割が根本的に否定される。

○衆議院社会民主党・市民連合 山内恵子議員

・中期目標を大臣が決め、評価も文部科学省がすることにより、科学技術研究や金もうけ目当ての研究が優先され、基礎的科学、人文・社会科学の研究や学生の教育が切り捨てられるおそれがある。

・全学生の七割を占める私学を含めた高等教育のビジョンがない。

6 国会審議の論点

国会審議の論議の焦点は、反対討論で明らかにされているように、文部科学省による目標管理のシステムが、国立大学に対する規制を強め、大学の自主性を侵すのではないか、という点にあった。目標管理の要となる評価システムや運営費交付金の算定基準、評価結果の運営費交付金配分への反映の仕方などが未定であることも、この疑念を増幅させている。その結果、国立大学法人法等関連6法律には、衆議院で10項目、参議院で23項目と異例に多い付帯決議が付けられた。衆・参それぞれ2項目を除いては、国立大学法人法に関するものであり、その内容は、すべて国立大学の自主的・自律的運営の尊重に係るものであった。

付帯決議の個々の項目は、これまで見てきた国立大学法人制度の諸要素に係るものであるが、注目されるのは、参議院の付帯決議に、独立行政法人通則法の準用に関する2項目が含まれていることである。

6月5日の参議院文教科学委員会において、山本正和議員（無所属の会）が、国立大学法人と独立行政法人通則法との関係について、「独立行政法人では困るから国立大学法人にしたというのに、独立行政法人通則法を準用するという。評価の問題でも目標の問題でも、国立大学法人法の中できちっと決めればいい。それをなぜ準用で総務省・総務大臣のところまで持っていくようにするのか。それでは独立行政法人じゃないと言いながら、独立行政法人の枠の中にはまらざるを得ない。なぜ準用でやったのか」と質した。[2]

原点に返った質問である。これに対して遠藤純一郎高等教育局長は、「独立行政法人制度を活用しながら、それをいかに大学の自主性や教育研究の特性に配慮した形に再構築していくかという観点から検討を重ねられたもので、独立行政法人通則法に基づく独立行政法人として位置づけるのではなくて、本法案によって設立される国立大学法人とした上で、必要に応じ独立行政法人通則法の規定を準用するのが、最も適切である」と答弁している。次いで、総務省が国立大学法人の評価にどう係るのかが審議の焦点となった。

通則法の準用規定では、「国立大学法人評価委員会は、国立大学法人の業務について、年度評価および中期目標期間の評価を行ったときは、評価の結果を政令で定める審議会[3]（総務省の政策評価・独立行政法人評価委員会。以下「独法評価委員会」と略称する）に通知する。通知を受けた独法評価委員会は、評価の結果について国立大学法人評価委員会に意見を述べることができる」（準用通則法32条3項、34条3項）と規定されている。

また、文部科学大臣は、中期目標期間終了時に、国立大学法人評価委員会の意見を聴いて、国立大学法人の組織・業務全般の検討を行い、所要の措置を講ずることとされているが、「独法評価委員会は、国立大学法人の主要な事務、事業の改廃に関し大臣に勧告できる」とされている（準用通則法第35条3項）。

この点に関して、参議院民主党・緑風会の内藤正光、桜井充、佐藤泰介の3議員が相次いで質問に立ち、「国立大学法人法案は、大学の自律性を高めるための改革というのだから、総務省の独法評価委員会が、行政機関のエージェントである一般の独立行政法人と同列に国立大学法人の評価に関与すべきではない、特に個々の国立大学法人の評価に立ち入るべきではない」として、総務省の見解を求めた。

その結果、総務省の独法評価委員会の意見はあくまでも国立大学法人評価委員会の評価結果に対する意見であって、各大学の運営、教育研究活動について直接意見をいうものではないこと。文部科学大臣に対する勧告については、国立大学法人法3条（教育研究の特性への配慮）の趣旨を踏まえて行うものであり、勧告に必要な資料の提出等の依頼も、直接大学に対して行わない方向で検討することが確認された。総務省側の答弁は、準用通則法の枠内のものではあるが、質疑を通じて、国立大学法人法第3条の国立大学の教育研究の特性に対する配慮義務が、総務省の独法評価委員会の活動について確認されたことは、同条文が実質的意味を持つことの証左として大きな意味があった。

これらの質疑は、参議院の次の付帯決議として実を結んでいる。

○参議院付帯決議

十　独立行政法人通則法を準用するに当たっては、総務省、財務省、文部科学省及び国立大学法人の関係において、大学の教育研究機関としての本質が損なわれることのないよう、国立大学法人と独立行政法人の違いに十分留意すること。

十一　独立行政法人通則法第三十五条の準用による政策評価・独立行政法人評価委員会からの国立大学法人等の主要な事務・事業の改廃勧告については、国立大学法人法第三条の趣旨を十分に踏まえ、各大学の大学本体や学部等の具体的な組織の改廃、個々の教育研究活動については言及しないこと。また、必要な資料の提出等の依頼は、直接大学に対して行わず、文部科学大臣に対して行うこと。

〈注〉

1　例えば4号の公開講座の開設につては、学校教育法106条第1項では「大学においては、公開講座の施設を設けることができる」と規定し、公開講座が大学本来の仕事であることを明示している。

2　以下の同委員会の質疑に関する記述については第156国会平成15年月5日、10日、26日参議院文教科学委員会議事録による。

3　「政令で定める審議会」は、総務省組織令123条で、「政策評価・独立行政法人評価委員会」と定められている。

第9章　新制度の現実化

1　学内管理体制の構造変化

国立大学法人法は、２００３（平成15）年10月1日から施行され、翌２００４年（平成16）年4月1日に、すべての国立大学が国立大学法人に移行することとなった（同法付則3条1項）。移行のための準備期間はわずか6か月である。制度の具体化のため検討すべきことは山積し、文科省も各大学も準備に忙殺された。

理事等の役員人事、教育研究評議会、経営協議会のメンバーの人選、事務組織の再編など学内管理体制の整備については、大学の判断に委ねられており、各大学それぞれの方針で進められていった。

学内管理体制の変化を強く感じさせられたのは、事務局長の位置づけである。法人化により、大学の管理体制が、教学面の大学自治と行政面の政府直接管理という二元的管理から、目標管理という間接管理体制に移行するため、文部省のいわばエージェントとして行政実務を総括していた事務局長の役割は、大きく変化することになった。

法人発足時の状況を文科省資料で調べてみると、[1] 事務局長を廃止した大学は、東大、京大など22校に上る。これらの大学の多くは、理事の分担に応じて事務組織を理事に直結させている。事務局長を存置している場合（33大学）でも、総務、財務、労務、施設などの非教学業務を分担する理事が置かれるため、事務局長の役割は相対的に低下せざるをえない。事務局長に理事を兼務させる大学も多いが（32大学）、この場合でも理事としての担当業務が非教学業務すべてをカバーする例は少なく、他の理事と分担関係になるので、事務局長としての役割は低下していると思われる。

また、学外理事の選任も学内管理体制変化の大きな要素である。国立大学法人法の規定（14条）に従い、各大学は学外者からも理事を選任している（ほとんどの場合1名）。学外理事の職業は他大学・研究機関関係、医療関係、弁護士、マスコミ等多彩であるが、やはり産業界・財界関係者が多い。学外理事は多くの場合非常勤であるが、いくつかの大学で企業人ＯＢを経営担当の常勤理事に選任している。[2] 民間的経営手法の導入が強調されてきたことの反映であろう。法人化により、学内管理の体制とカルチャーは一変した観がある。

2　運営費交付金問題

大きな問題となったのは、運営費交付金額の算定である。大学の運営に必要な資金を、使途を特定しないで国立大学法人に一括交付する運営費交付金方式の導入は、法人化の大きなメリットとして強調されてきたが、その具体的算定方式については、未確定のまま推移していた。10月に入って初めて、文科省から国大協の法人化特別委員会に、法人化初年度の予算要求をめぐる財務省との折衝状況が伝えられた。その内容は次のような厳しいものであった。[3]

①運営費交付金は、国の政策判断で予算措置を決める『裁量的経費』に位置づけられる。裁量的経費は、シーリング（予算要求の上限）の対象となる。

②16年度予算のシーリングは、前年度の２％減である。

③先行独立行政法人の運営費交付金には、１％の効率化係数（事業効率化による予算減額割合）がかかっているが、国立大学法人の運営費交付金も同じ扱いとするか議論が続いている。

③教育研究進展のための交付金増額のルール作りは、極めて厳しい状況にある。

国立大学予算が、法人化前の「義務的経費」から、「裁量的経費」に変えられたのは、すでに述べたように、文科省原案が法制局により修正され、国立大学の設置者を国から国立大学法人に変更されたこと、また、国立大学の教職員が非公務員化されたことの結果であろう。

このような状況に危機感を抱いた国大協は、平成15年11月12日付で「国立大学関係予算の充実について」声明を発表し、[4]会長、副会長、各理事、各学長が、地元国会議員、文教関係・行革関係議員、元文部大臣等重要議員、関係省庁への働きかけを組織的に展開した。[5] 国大協としては異例の活動である。声明は、「来年度以降の国立大学予算を、一般の独立行政法人と同様の扱いとして運営費交付金を削減しようという動きがある。国立大学法人制定の経緯・諏旨及び同法案の委員会審議における付帯決議などに反し、誠に憂慮すべき状況にある」として、「今後法人化前年度の国立学校特別会計繰入額と同規模の公費投入額を最低限確保する、運営費交付金を「義務的経費」として取扱い、効率化係数を適用しない」などを政界、関係省庁に強く訴えるものであった。

この年5月に国大協会長に選ばれた佐々木毅東大総長は、国大協会長として上述の国立大学予算確保の運動をリードしたが、さらに12月2日付の朝日新聞に「国立大学法人化　予算削減で失速する」という一文を寄稿し、直接世論に訴えた。要旨は次の通りである。

「国立大学法人の発足まで4か月に迫っているが、ここに来て予算編成との関係でその将来を揺るがす問題が浮上している。法案審議の過程で何度も政府側が答弁していたように、6年間の中期計画の達成度と改革の実績を評価し、それに応じて資源配分を変えていくというのが共通の了解であった。……ところが、この複雑な制度改革を背負わされた法人が動くかどうかも見極めがつかないうちに、すでに運営交付金の一律削減計画が文部科学省と財務省との間で練られ、05年度から実行に移されようとしている。これでは話があべこべで、政府の支出減らしの口実を作るためだけに国立大学法人を作ったと自白するようなものである、……現に政府が国立大学法人に行おうとしていることは、長年にわたって蓄積してきた知的資源を自ら破壊することのように見える。人材の育成を怠るような政策と科学技術創造立国の建設とがつながるわけはない。それはまた、高等教育政策の不在を実証することになる。国立大学の運営資金の多くは国民からの貴重な税金であり、これを大切に使わなければならないことは当然である。しかし、ここで問いたいのは、その貴重な資金を使って運営するに足るだけの大学にするために、何を優先するべきなのか、そのグランドデザインなしに、目先の官僚的技術論が支配しようとしている点である。国立大学法人法案を審議し、決定した『政治』は、こうした事態の認識を踏まえ、識見を持って、政治主導でこの問題の解決に当たってもらいたい。……」

佐々木会長の批判が、２００５（平成17）年度以降の「運営費交付金一律削減計画」に向けられているのは、初年度である２００４（平成16）年度予算編成過程で中期目標期間６年間の運営費交付金の算定ルールが決められようとしていたからである。

国大協は、文科省から示された算定ルール案に強く反発し、文部科学大臣に「運営費交付金取り扱いについての要望」を提出した。[6]

要望書は、「提示された算定ルールは、国立大学法人制度の基本的枠組の変更を意味する極めて深刻かつ重大な内容である。平成17年度以降の算定ルールの変更であるにもかかわらず、年末の予算（平成16年度予算）編成時期までに無理にでも結論を得ようとする事務当局の姿勢を早急に見直していただきたい」と述べ、「4月から学長となるべき者の大臣指名を返上することも念頭に置きつつ、重大な決意を持ってこの文書を提出する」と強硬な姿勢を示した。[7]

文部科学省は、このような国大協の反発を背景に財務省と折衝を重ね、法人スタート時の運営費交付金については、実質前年度以上の予算を確保し、次年度以降の削減ルールについては財務省と引き続き協議する、ということで、国大協の要請に対応した。[8]

3　運営費交付金の算定ルール

財務省と引き続き協議ということになった次年度以降の運営費交付金算定ルールは、年明けの1月下旬に明らかにされた。

その概要は、次の通りである。[9]

①国立大学法人の運営費交付金は、「学部教育等運営費交付金」「特定運営費交付金」「附属病院運営費交付金」を合算した金額となる。

②「学部教育等標準運営費交付金」は、学生数等の客観的な指標に基づく各大学に共通の方式により算出する交付金区分であり、算出される標準経費より入学料収入、授業料収入の標準額を差し引いた額が交付金額となる。

③「特定運営費交付金」は、「学部教育等標準運営費交付金」では算定困難な所要額を算出する交

付金区分であり、各大学個別の実態に基づく所要額から、検定料収入、雑収入を差し引いた額が交付金額となる。法人化前の各大学への配付額から上記標準運営費交付金額を差し引いた額がベースとなる。

④「附属病院運営費交付金」は、附属病院の一般診療経費と債務償還費の合計額より病院収入が少ない場合に、その差額を交付するための交付金区分である。この場合、一般診療経費の額は平成16年度の予算額で固定し、平成17年度からは、経営改善係数２％分を病院収入の額に毎年度累積加算する（毎年度２％ずつ運営費交付金を減額することを意味する）。

⑤「効率化係数」による削減については、設置基準上等で必要とされる専任教員数の給与費相当額を削減対象外とした上で、効率化係数１％分を毎年度削減する。ただし、別に新たな教育研究のニーズに対応する「特別教育研究経費」の枠を設ける。

②の「学部教育等標準運営費交付金」は、調査検討会議の報告書にある標準運営費交付金に相当するが、標準支出額が低く設定されたために、②の「特定運営費交付金」に呑みこまれるかたちになり、大学の標準的必要経費の財源を安定的に保障するものにはなっていない。ただし⑤で、設置基準上必要とされる専任教員の給与費相当額を、効率化係数による削減対象外としていることは、その限りで標準的経費の財源保障を考えてのことといえよう。

問題となっていた効率化係数による削減については、文科省担当者は、おおむね次のように説明している[10]。

「効率化係数を適用しないことを求める要望もあったが、①引き続き多額の国費が投入されることについて国民の理解を得ていくためには、目に見えるかたちでの経営改善努力が求められる。②運営費交付金は、その使途が法人の自由裁量となることから、その裁量を生かした節減努力が求められる。③従来も定員削減等による経営努力がなされてきたことを考えれば、効率化係数が設定されること自体はやむを得ない。④これらの理由で一定の効率化を図るが、それとともに、運営費交付金を増額できる仕組み（特別教育研究経費等）を設け、全体として教育研究の発展につなげる。」

新たに設けられた「特別教育研究経費」は、各法人の申請を受けて文科省が査定し、使途は限定されるので、運営費交付金制度の趣旨には反するが、大学が新しいプロジェクト等を推進する上で、積極的役割を果たすことになる。

運営費交付金の算定ルールは要するに、法人化直前の予算措置をベースとして、毎年度効率化係数1％分、病院の経営改善係数2％分を削減する。ただし、「特別教育研究経費」により、効率化係数による削減分を補うというものである。しかし、減額分の補填が期待された特別研究経費も、初年度相当額の741億円が、第1期最終年度の2009（平成21）年度790億円と微増に留まっている。その後「2006骨太の方針」や「国家公務員の総人件費改革」による削減も加わって、運営費交付金は減少の一途をたどった。初年度運営費交付金1兆2，419億円が、第1期最終年度2009年度には1兆1，695億円に減少し、724億円の減額となった。

4　授業料問題

学生納付金（授業料、入学料、検定料）の額は、法人化前は文科省が決定していたが、法人化後は、文科省は標準額と上限額を定め、各法人が上限額の範囲内で納付額を決めるように改められた。文科省は、学生納付金の標準額を前年度通りとし、上限額をその10％増と定め[11]、運営費交付金算定上の収入額は標準額によることとした。

法人発足の年、翌年度予算の編成過程で、授業料標準額の値上げ（年額52万800円から53万5，800円へ、1万5，000円の値上げ）が決定された。それまで、私立大学との均衡を旗印に1年おきに値上げを重ねてきた慣行を、法人化後も続けるということである。それまでと違って、実際の額は各法人が決定することになるが、標準額の値上げ分は運営費交付金から差し引かれるから、大学が授業料を据置こうとすれば、標準額値上げ分の減収を覚悟しなければならない。各大学は初めての事態に苦慮しながら、標準額の値上げに追随して値上げを決定した。この標準額の値上げに対しては強い批判が寄せられ、次の値上げ年度に当たる2007（平成19）年度の予算編成で、中期目標期間中の授業料標準額据置きの方針が決まり、長い間の悪しき慣行に終止符が打たれた。なおこの時、学生納付金の上限額が標準額の20％増まで引き上げられている。

〈注〉

1 文部科学省高等教育局国立大学法人支援課「国立大学法人一覧」（平成16年7月）による。
2 同上資料による。
3 「法人化特別委員会の検討状況委員長報告メモ」「国大協資料集第1部」349、350ページ所載）参照。
4 同上書355ページ所載。
5 「運営費交付金に係る今後の活動について」（理事会確認）（同上書356ページ所載）、「国立大学法人運営費に関する各方面への要請等について」（国大協会長から各学長あて文書）（同359ページ所載）参照。
6 「運営費交付金の取り扱いについての要望」（国大協資料集第1部同上書372〜373ページ所載。
7 文部科学大臣が、法人移行前の国立大学の学長を、国立大学法人の学長予定者として指名していた（国立大学法人法付則2条1項）。
8 「平成16年度国立大学法人等関係予算予定額の概要」（平成15年12月24日国立大学法人特別委員会における文科省配付資料）「国大協資料集第2部」719〜722ページ所載）参照。
9 運営費交付金の算定ルールについては、国立大学財務・経営センター編『国立大学法人経営ハンドブック』（1）（2004年）、「1・2 国立大学法人の財務会計」参照。
10 同上書1〜13、1〜14ページ参照
11 国立大学の授業料その他の費用に関する省令（平成16年文部科学省令第6号）参照。

第10章　目標管理の具体化

1　中期目標・計画の枠組み設定

「中期目標・計画による目標管理が大学の自主性を侵すことにならないよう、政府は大学の策定した目標・計画の原案を尊重する」ということが、国立大学法人制度設計の基本の一つであった。しかし、各大学が策定した目標の達成度を評価するというだけでは、大学の自己管理の手伝いをするに過ぎない。大学の自主性を尊重しながら、政府の政策をそこにどう反映させるかが、新制度の大きな課題であった。

制度設計の過程では、中期目標・中期計画策定の前提として、国の高等教育のグランドデザインが不可欠であると言われていた。国が望む高等教育の将来像を示し、各国立大学法人がそれを参考にしつつ目標・計画を策定することにより、国の政策と各国立大学法人の目標・計画が調和するという構想である。

文科省は２００１（平成13）年4月、中教審に「今後の高等教育改革の推進方策について」諮問し、グランドデザインの策定を目指したが、答申は国立大学法人の発足に間に合わず、２００５（平成17）年1月、「我が国高等教育の将来像」の答申が出された。答申では、「国立大学には、例えば、世界最高水準の研究・教育の実施、計画的な人材養成等への対応、大規模基礎研究や先導的・実験的な教育・研究の実施、社会・経済的な観点からの需要は必ずしも多くはないが重要な学問分野の継承・発展、全国的な高等教育の機会均等の確保等について政策的に重要な役割を担うことが求められる」と提言しているが、それが目標管理に活かされるには至らなかった。

文科省は、法案提出前の２００２（平成14）年11月に、国大協の了承も得て、「国立大学法人（仮称）の中期目標・中期計画の項目等について（案）」を策定し、各大学に中期目標・中期計画の様式、項目、記載事項の案を示している。各大学では、基本的にこの案に沿って中期目標、中期計画の素案作りが進められた。中期目標・中期計画で定めるべき事項は、国立大学法人法で抽象的に規定してはいるが（30条2項）、具体的にどのような内容にするかが、目標管理のあり方を決めることになる。文科省案の特徴は、①目標・計画を多くの項目に分割する、②項目が大学運営全般にわたり細分化され網羅的である、③原則として全学的視点からの記載とする、などである。項目ごとに記載例が示されていて、大学運営の標準化につながる感じがする。

文科省はまた、大学が策定する中期目標・計画の素案の修正を求める記述として、①法律改正が必要など文科大臣が責任を負えない、②財政上の観点から修正の必要がある、③法令違反等、の三つの場合を挙げ、国立大学法人評価委員会の了承を得ている。

細分された項目ごとの網羅的目標設定と財政需要を伴う計画の抑制というこのような枠組みでは、大学が教育研究の新たな発展を目指す目標・計画を掲げることは困難であり、目標管理は、主として各大学の日常的運営の細部にわたる改善を目指すものとなった。

2 年度評価の規制機能

目標管理の中心となる文部科学省の国立大学法人評価委員会（以下「評価委員会」と略称する）は、国立大学法人法施行当日の２００３（平成15）年10月1日に設置された。

目標管理をまず各大学に実感させたのは、評価委員会による毎年度の業務実績の評価である。国立大学法人は、毎事業年度の開始前、中期計画に基づき年度計画を定めて文科大臣に届出、年度終了後に業務実績報告書を提出して評価委員会の評価を受けることを義務付けられている。評価の結果は公表され、評価委員会から改善勧告を受けることもある（準用通則法31条）。この年度評価によって、目標管理が日常化することになった。

評価委員会は、国立大学法人発足初年度の10月に、「国立大学法人及び大学共同利用機関法人の各年度終了時の評価に係る実施要領」を決定し、各国立大学法人に提示した。

その要点は次の通りである。

①各法人の実績報告書に記載された自己点検・評価に基づいて行う。
②中期計画・年度計画の項目ごとに行う。
③教育研究評価を除き5段階の格付け評価を行う。
④教育研究評価は、教育研究事業の外形的・客観的進行状況を確認し、コメントを付すにとどめる。（年度評価は大学評価・学位授与機構へは依頼せず、専門的評価は行わない）
⑤以上の評価結果を踏まえつつ、各法人の中期計画の進行状況全体について、記述式により評価する（全体評価）。その際、学長のリーダーシップの下、機動的、戦略的大学運営や国民や社会に対する説明責任を重視した社会に開かれた大学運営を積極的に評価する。

この実施要領は、各法人の原案を尊重した中期目標・計画の進行状況のチェックという年度評価の性格に忠実であるが、項目ごとの5段階評価がマスコミ等には、大学の成績表のように受けとめられ、年度評価も法人に対する規制的機能を持つことになる。評価委員会は、各法人共通の評価基準として、上記5の「学長のリーダーシップによる機動的、戦略的運営と説明責任を重視した社会に開かれた大学運営」の2点を示したが、さらにこの実施要領を2006（平成18）年2月に改正して、次の一項を加え、評価による管理の姿勢をより鮮明にした。

「国立大学法人等として、中期目標・中期計画の達成に向けて各法人が取り組むべき最小限の共通事項が存在しており、別添1に示すこのような事項に関する取り組みやそれが機能しているかどうかについても、評価において取り上げる観点とする。」

各法人の中期目標・計画に記述がなくても、各法人が取り組むべき共通事項があるとすることにより、目標管理の枠組みを越えて、評価委員会の価値基準による大学運営の管理が可能になる。もっとも、共通事項として挙げられた事項の大半は、「業務運営の効率化を図っているか」「財務内容の改善・充実が図られているか」など、国立大学法人法の目標管理の趣旨に内包されているものであった。しかし、「学生の収容定員を適切に充足した教育活動が行われているか」を共通事項とし、充足率85％以上（2008（平成20）年3月の改正で90％以上に引き上げられている）を指標例で示すことにより学生定員管理を強化したり、「危機管理への対応策が適切に取られているか」を共通事項とし、危機管理マニュアルの策定などを指標例で示すことにより、危機管理体制の整備を促したことなどは、評価が目標管理の枠を越えて、規制の手段となった例である。特に、「従前の業務実績の評価結果について運営に活用しているか」を、共通事項として示したことは、年度評価の規制機能を強化することとなった。

3　中期目標期間の実績評価

年度評価は国立大学法人の運営に大きな影響を及ぼしたが、中期目標期間における目標達成度の評価が本来の目標管理の要である。評価委員会は、評価結果を次期中期目標・計画の策定や運営費交付金の配分に反映させるため、中期目標期間終了の1年前、２００８（平成20）年度に暫定評価を行った。暫定評価といっても実質的には本評価である。業務運営に関する評価は評価委員会が直接行ったが、教育研究の状況の評価については、独立行政法人大学評価・学位授与機構（以下「評価機構」と略称する）に評価の実施を要請した。国立大学法人法の規定（35条による独立行政法人通則法34条2項の読替え準用）に基づく措置である。評価委員会は同機構の評価結果の尊重を義務付けられているので、評価機構の評価結果が基本的に評価委員会の評価結果に取り入れられた。

評価機構の評価で注目されるのは、学部・研究科等の部局ごとに、教育研究の現況分析として教育水準、研究水準、質の向上度の評価を行ったことである[1]。各法人の原案を尊重して定めた目標の達成度評価は、いわば各法人の努力度評価である。一方水準評価は通常共通の客観的基準による業績評価を意味し、目標達成度評価とは本来異質の評価である。評価機構は、それを目標達成度評価の参考と位置付けて実施した。そのためかどうか、評価機構による水準評価は、「想定される関係者の期待」という、大学・部局ごとに異なる主観的要素を評価基準にし、評価による段階判定は、「期待される水準を大きく上回る」「期待される水準を上回る」「期待される水準にある」「期待される水準を下回る」の4段階で行われるという特異な評価となった。しかし、この学部・研究科等部局ごとの水準評価が法人評価を実質的なものにし、目標達成度の評価結果にある程度客観性を持たせたことは確かである。

これに対して「質の向上度」評価には問題がある。「教育研究の質の向上に関する事項」が、中期目標・計画の記載事項と法定されている（国立大学法人法30条2項1号、31条2項1号）のを意識してのことかとも思うが、中期目標・計画の記載内容の達成状況の評価が、教育研究の質の向上に関する評価になるというのが法律の本旨である。それを水準評価で補うということまでは理解できるが、さらにそれとは別に、「教育研究の『質の向上度』」というような人によって解釈が分かれ、複雑で測定困難なことを評価対象にするのは理解に苦しむ。実際には、質の改善事例を挙げさせてそれを評価するというかたちで行われ、それなりの意味は認められるが、その評価結果を質の「向上度」として扱うのは問題である。

国立大学法人評価委員会は、２００９（平成21）年3月26日付で、国立大学法人の中期目標期間の業務実績評価結果を各法人に通知し、その概要を公表した。中期目標期間終了後に改めて評価結果を確定することを前提としたものであるが、実質的にはこれが本評価の意味を持つ。評価は、項目別評価が中心であり、七つの中項目ごとに、中期目標の達成状況が「非常に優れている」「良好である」「おおむね良好である」「不十分である」「重大な改善事項がある」の5段階で評定した。

大部分が「おおむね良好」以上であったが、「不十分」も少数あった。「不十分」とされたものの多くは、野心的な目標設定か、学長交代等による方針変更によるものであり、無難な目標を掲げた法人と比べて特に劣っているとは見受けられない。評価委員会も段階評定について「各法人を通じた最小限の共通の観点を踏まえつつも、各法人の設定した中期目標に対応して示されるものであり、各法人間の相対比較をするものではないことに留意する必要がある」と注意を促しているが、マスコミや関係者は、「不十分」の評価を受けた大学を劣位にあるかのごとく受け止めている。現在の目標達成度評価に内在する矛盾の一つである。評価委員会は一方、評価理由等の記述において、望ましい、あるいは望ましくないと考える事例を特記し法人の対応を促している。実質的には評価結果に基づく勧告に近い。

評価機構の行った学部・研究科等の教育研究の現況分析は、評価委員会の行う評価の参考として行われ、評価結果は前述の目標達成度評価に織り込まれているはずであるが、評価委員会は評価機構の現況分析による評価結果も、そのまま通知し公表している。前述のように、水準評価は4段階、質の向上度評価は3段階で評定しているが、大部分の組織が中位の段階以上の評価を得ている。

4　評価結果に基づく措置

2009（平成21）年6月5日、文部科学大臣は、「国立大学法人等の組織及び業務全般の見直しについて」を決定し、各国立大学法人学長に第2期の中期目標・計画がこの決定に沿った内容になることを求めた。「中期目標期間終了時において、評価委員会の意見を聴いて、国立大学法人の組織・業務全般にわたる検討を行い、検討結果に基づき所要の措置を講ずる」とする国立大学法人法の規定（国立大学法人法35条で準用の独立行政法人法通則法35条）に基づくものである。これが目標管理サイクルの最終段階となる。注目されるのは、見直しの考え方として次の方針を明示したことである。「一般の独立行政法人と異なり、中期目標の実際上の作成主体である法人に対して文部科学大臣が見直し内容を示した上で、各法人から提出のあった中期目標・中期計画の素案等において、見直し内容が反映されているかを確認することが中心となる。なお、見直し内容を示すにあたっては、大学自治の理念を踏まえ、個々の法人ごとの具体的な組織・業務に言及するのではなく、全ての国立大学法人を対象に、一般的に見直すべき点を示すこととする」。

文部科学省の見識を示したものといえよう。

決定は、評価委員会の審議を経てなされた。決定の内容は、評価委員会の評価結果を踏まえたものであり、同時に総務省の政策評価・独立行政法人評価委員会の文部大臣に対する申し入れ「国立大学法人及び大学共同利用機関法人の事務及び事業の改廃に関する勧告の方向性について２００９（平成21）年5月21日）」の趣旨に沿ったものとなっている。各法人の中期目標・計画に関連するものが大部分であるが、文科省が直接講じる措置として運営費交付金の算定ルールの見直しを掲げている。特に、第2期の運営費交付金の一部について、評価委員会と評価機構の第1期の評価結果に基づく配分を行うと明示したことが注目される。評価結果を運営費交付金の配分に反映することは、調査検討会議の報告にもうたわれたている重要課題であるが、法人ごとに異なる目標の達成度を基準とする評価結果で、大学間の業績の優劣を評価することは原理的に無理である。

文科省は、評価反映分の財源として各法人に配分されるべき一般管理費の一部相当額を留保し、これに「評価反映係数」を乗じた額を再配分することにより、この課題に応えた。係数の高低に応じて配分額を増減する仕組みである。係数は、水準（教育水準、研究水準）評価、質の向上度評価、目的達成度（教育研究達成度、業務評価達成度）それぞれの評定段階に対応した指数を設定し、各評価項目のウエイト付けを行った合計値で算定される。評価項目ごとのウエイトは次の通りである。

教育水準評価ウエイト　3
研究水準評価ウエイト　3
教育研究達成度ウエイト　2
業務運営達成度ウエイト　2

なお、質の向上度評価は水準評価のウエイト付けに使われ、独立したウエイト付けの項目にはなっていない。

目標達成度評価の参考という位置付けで行われた水準評価のウエイトが高いのは、本末転倒の感もあるが、各法人それぞれ異なる目標の達成度の評価結果を、次期運営費交付金の算定に反映させるということに、一定の合理性を持たせるために、客観性の高い水準評価の評価結果を重視したということであろう。難題の解決策としては理解できるが、評価結果に基づく合理的・効果的資金配分のあり方については、より根本的な検討が必要である。運営費交付金は基盤的経費のための資金である。効率化係数（2期では大学改革促進係数）による一律削減が進行する中で、事後評価の結果を将来の基盤的経費に反映する意味がどこにあるのか。冷静に見直すべきときではないだろうか。

〈注〉

1　大学評価・学位授与機構による教育・研究評価に関する記述は、同機構の『評価実施要項』による。

終章　改善の視点

国立大学法人は、初めの中期目標期間6年間を走り終わり、すでに2期目が進行中である。国立大学法人制度は、国立大学運営の枠組みとして一応定着した感じがする。大学の自主的運営の基盤と行政改革のツールという二面性を持つ難しい制度であるが、これまでの経験を活かして制度の運用を改善し、大学運営の基盤にふさわしいものとしていくことが、これからの課題であろう。文部科学省はすでに第1期終了時点での国立大学法人の現状分析と解決すべき課題・改善方策を取りまとめ、２０１０（平成22）年7月15日付で、「国立大学法人の現状と課題について（中間まとめ）」を発表している。各法人の実地調査や多くの関係者等からの意見聴取に基づく労作である。国立大学協会や各国立大学法人等関係者の取組みがこれに加わり、論議が深まって制度運用の改善が進んでいくことを期待したい。

筆者も、この機会に改善の視点について日頃思うところを述べ、稿を閉じることとしたい。制度運用の改善の基本的視点は、いうまでもなく国立大学法人の真の設置者である国民の要求に対応できるシステム作りである。国民が国立大学に望むのは、国立大学が、国民・社会の要求に応えて、本来の使命である教育・研究に全力を尽くし、社会に貢献することである。この視点からまず問題となるのは、国立大学法人制度の柱である目標管理の改善である。

目標管理改善の第1の視点は、目標管理の対象を、国が大学政策上真に必要とする事項に限定することである。

労多くして功少ない網羅的項目別の目標管理方式は、大学運営に対する細部規制となりがちであり、教育・研究活動にマイナスに働くおそれもある。文科省も第2期の中期目標・計画の策定について重点化の方針を打ち出し、第1期よりも改善されてはいるが、網羅的項目別の目標設定とそれに対応する中期計画の在り方は基本的に継続している。

このような目標管理の方式が取られている原因は、先行した独立行政法人制度の影響は別として、二つあると考える。

一つは、国の大学政策上必要な目標と各法人の大学運営の目標との性格の違いを、政府・法人双方が明確に認識しなかったこと、もう一つは、目標管理に、情報公開と説明責任の要素を持ち込んだことである。第1の点は、文科大臣の目標設定が大学の自主性を害しないよう、法人の原案を尊重するというルールに起因するところが大きいように思える。法人・大学側では、国の管理の対象となる目標という意識が希薄なまま大学運営の全ての目標を文科省へ提出し、文科省は法人原案を尊重するということで、それをそのまま各法人が達成すべき目標として提示する。そこに、如何に法人・大学の自主性を尊重した目標管理であっても、公権力による管理であるという認識と緊張感が、双方とも希薄になった原因が、そこにあるように思われる。大学原案尊重というルールが大学の目標管理の基本であることを前提とした上で、文科省、法人双方が、公に目標として設定し評価委員会の管理下に置くべき目標は何かを改めて検討・協議する必要があるのではないだろうか。

第2の点については、項目ごとに細切れにされた中期目標・計画の実績報告書が、情報の公開や事業実績の一般的説明に不向きであることは、誰の目にも明らかである。財務面の説明責任を果たすシステムが別に整備されていることを考えると、情報公開と説明責任の要請に応えるには、例えば年報の作成・公開を義務付ける方が、より効果的ではなかろうか。

目標管理の改善の第2の視点は、中期目標・計画の枠組みが、大学の教育・研究の発展の障害とならないようにすることである。国立大学法人の目標管理の原型となった独立行政法人の目標管理は、事業の増殖を抑止し、既成の枠内での事業の効率化と質の向上を目指したものであるが、国立大学法人の目標管理にもその性格が色濃く感じられる。厳しい財政事情を考えれば一定の制約はやむを得ないが、新たな発展を制約する中期目標・計画の枠に縛られて、国立大学の活気が失われないか心配である。法人化前は、厳しい財政状況下でも、スクラップ・アンド・ビルド等により、ある程度組織の新設改廃も行うことができた。法人化により、大学の組織編制の自由度が拡大した点はプラスであるが、それは、中期目標・計画で定められた基本組織、学生収容定員の枠内のことで、それを超えることは極めて難しい。

特に理解しがたいのは、学生定員管理の厳しさである。国民が国立大学にまず期待することは、国立大学が持てる資源を最大限活かして、できるだけ多くの学生を受け入れ、良質の教育をすることである。市場原理の観点からも、社会の需要の変化に柔軟に対応して学生数を増減することが求められる。学生数の増加の厳しい抑制と組織ごとの学生定員の厳格な管理はその障害となる。

現在の厳格な学生定員管理は、少子化進行下の私学経営に対する配慮かとも思うが、学部学生の2割に満たない国立大学の学生数の多少の増加が、私学経営を圧迫するとは思われない。現在の運営費交付金算定のルールでは、少々の学生増は財政負担を伴わない。私大の拡充の規制を大幅に緩和しながら、財政負担を伴わない国立大学の学生増を抑制するような目標管理の在り方が再考されることを期待したい。

目標管理の改善と並んで重要な改善の視点は、新たな大学自治の構築である。

国立大学法人の管理運営面での特色は学長への権限集中であり、目標管理においても、学長のリーダーシップが重視されている。従来の強固な学部教授会自治の弊害を是正する観点から学長に権限を集中し、学長のリーダーシップに期待する意図は理解できるが、高度な教育・研究を担う大学の管理運営を、企業や一般の事業体と同じに考えるわけにはいかない。それに、「大学・法人一体」案が法制化の段階で「法人が大学を設置する形態」に改められた以上、法人と大学との関係を明確にしないで、法人の長としての学長が大学の運営に強力な権限を行使をすることは問題である。

法人と大学との関係をどう構築し、法人の基本戦略と教育・研究の担い手である大学・学部・研究科等の主体性をどう調和させるか、それが大学の意思決定システムの構築、つまりは新たな大学自治構築の最重要課題である。

国立大学法人法は国立大学の設置者である国立大学法人の組織・運営を定めるだけで（同法1条）、大学の組織・運営自体は、法人との関連でしか対象としていない。新たな大学自治の構築は、学校教育法の枠内で個々の法人の手に委ねられている。保守的・自己保身的と批判された旧来の大学自治への回帰ではなく、政府や社会に対して主体的、能動的に対応していく重要基盤としての大学自治の構築は、個々の国立大学法人の責務といえる。

すでに各法人・大学において、大学の意思決定システムが整備されているとは思うが、新たな大学自治の構築の視点からそれが見直され、法人・大学の主体性がさらに強化されていくことを期待したい。

〔資料〕

国立大学法人法

——独立行政法人通則法準用規定組込　衆院、参院付帯決議付——

凡例

1　国立大学法人法は独立行政法人法通則法規定の準用に大きく依存しているため、国立大学法人法の本文だけでは国立大学法人制度は理解できない。本資料は、読者の便宜を考え通則法の準用規定を国立大学法人法に組込み、併せて衆参両院の付帯決議を関係規定の後に後に付加したものである。

2　通則法準用規定で国立大学法人法で字句の読替えを規定したものは読替えて記載した。また読者の便宜のため、「独立行政法人」の後に（国立大学法人等）を付加した。

3　通則法準用規定の組込み場所は、国立大学法人法と独立行政法人法の構成を照合して定め、通則法準用と標記した。

4　衆参両院の付帯決議は、項目ごとに最も関係が深い規定または規定群の後に付加し、衆院付帯決議、参院付帯決議と標記した。

国立大学法人法（平成十五年七月十六日法律第百十一号）

目次

附則

第一章　総則

第一節　通則

（目的）

第一条　この法律は、大学の教育研究に対する国民の要請にこたえるとともに、我が国の高等教育及び学術研究の水準の向上と均衡ある発展を図るため、国立大学を設置して教育研究を行う国立大学法人の組織及び運営並びに大学共同利用機関を設置して大学の共同利用に供する大学共同利用機関法人の組織及び運営について定めることを目的とする。

（定義）

第二条　この法律において「国立大学法人」とは、国立大学を設置することを目的として、この法律の定めるところにより設立される法人をいう。

2　この法律において「国立大学」とは、別表第一の第二欄に掲げる大学をいう。

3　この法律において「大学共同利用機関法人」とは、大学共同利用機関を設置することを目的として、この法律の定めるところにより設立される法人をいう。

4　この法律において「大学共同利用機関」とは、別表第二の第二欄に掲げる研究分野について、大学における学術研究の発展等に資するために設置される大学の共同利用の研究所をいう。

5　この法律において「中期目標」とは、国立大学法人及び大学共同利用機関法人（以下「国立大学法人等」という。）が達成すべき業務運営に関する目標であって、第三十条第一項の規定により文部科学大臣が定めるものをいう。

6　この法律において「中期計画」とは、中期目標を達成するための計画であって、第三十一条第一項の規定により国立大学法人等が作成するものをいう。

7　この法律において「年度計画」とは、準用通則法（第三十五条において準用する独立行政法人通則法（平成十一年法律第百三号）をいう。以下同じ。）第三十一条第一項の規定により中期計画に基づき国立大学法人等が定める計画をいう。

8　この法律において「学則」とは、国立大学法人の規則のうち、修業年限、教育課程、教育研究組織その他の学生の修学上必要な事項を定めたものをいう。

（教育研究の特性への配慮）

第三条　国は、この法律の運用に当たっては、国立大学及び大学共同利用機関における教育研究の特性に常に配慮しなければならない。

衆院付帯決議、参院付帯決議

一　国立大学の法人化に当たっては、憲法で保障されている学問の自由や大学の自治の理念を踏まえ、国立大学の教育研究の特性に十分配慮するとともに、その活性化が図られるよう、自主的・自律的

な運営の確保に努めること。（衆）を確保すること。（参）

通則法準用

（業務の公共性、透明性及び自主性）

第三条　独立行政法人（国立大学法人等）は、その行う事務及び事業が国民生活及び社会経済の安定等の公共上の見地から確実に実施されることが必要なものであることにかんがみ、適正かつ効率的にその業務を運営するように努めなければならない。

２　独立行政法人（国立大学法人等）は、この法律の定めるところによりその業務の内容を公表すること等を通じて、その組織及び運営の状況を国民に明らかにするよう努めなければならない。

３　この法律及び国立大学法人法の運用に当たっては、独立行政法人（国立大学法人等）の業務運営における自主性は、十分配慮されなければならない。

（国立大学法人の名称等）

第四条　各国立大学法人の名称及びその主たる事務所の所在地は、それぞれ別表第一の第一欄及び第三欄に掲げるとおりとする。

２　別表第一の第一欄に掲げる国立大学法人は、それぞれ同表の第二欄に掲げる国立大学を設置するものとする。

通則法準用

（事務所）

第七条

2　独立行政法人（国立大学法人等）は、必要な地に従たる事務所を置くことができる。

（大学共同利用機関法人の名称等）

第五条　各大学共同利用機関法人の名称及びその主たる事務所の所在地は、それぞれ別表第二の第一欄及び第三欄に掲げるとおりとする。

2　別表第二の第一欄に掲げる大学共同利用機関法人は、それぞれ同表の第二欄に掲げる研究分野について文部科学省令で定めるところにより、大学共同利用機関を設置するものとする。

（法人格）

第六条　国立大学法人等は、法人とする。

準用通則法

（財産的基礎）

第八条　独立行政法人（国立大学法人等）は、その業務を確実に実施するために必要な資本金その他の財産的基礎を有しなければならない。

（資本金）

第七条　各国立大学法人等の資本金は、附則第九条第二項の規定により政府から出資があったものとされた金額とする。

2　政府は、必要があると認めるときは、予算で定める金額の範囲内において、国立大学法人等に追加して出資することができる。

3　政府は、必要があると認めるときは、前項の規定にかかわらず、土地、建物その他の土地の定着物及びその建物に附属する工作物（第六項において「土地等」という。）を出資の目的として、国立大学法人等に追加して出資することができる。
4　政府は、前項の規定により土地を出資の目的として出資する場合において、国立大学法人等が当該土地の全部又は一部を譲渡したときは、当該譲渡により生じた収入の範囲内で文部科学大臣が定める基準により算出した額に相当する金額を独立行政法人国立大学財務・経営センターに納付すべき旨の条件を付することができる。
5　国立大学法人等は、第二項又は第三項の規定による政府の出資があったときは、その出資額により資本金を増加するものとする。
6　政府が出資の目的とする土地等の価額は、出資の日現在における時価を基準として評価委員が評価した価額とする。
7　前項の評価委員その他評価に関し必要な事項は、政令で定める。
8　国立大学法人等は、準用通則法第四十八条第一項本文に規定する重要な財産のうち、文部科学大臣が定める財産を譲渡したときは、当該譲渡した財産に係る部分として文部科学大臣が定める金額については、当該国立大学法人等に対する政府からの出資はなかったものとし、当該国立大学法人等は、その額により資本金を減少するものとする。

通則法準用

（登記）
第九条　独立行政法人（国立大学法人等）は、政令で定めるところにより、登記しなければならない。

2　前項の規定により登記しなければならない事項は、登記の後でなければ、これをもって第三者に対抗することができない。

（名称の使用制限）

第八条　国立大学法人または大学共同利用機関法人でない者は、その名称中に、それぞれ国立大学法人又は大学共同利用機関法人という文字を用いてはならない。

通則法準用

（民法の準用）

第十一条　民法（明治二十九年法律第八十九号）第四十四条及び第五十条の規定は、独立行政法人（国立大学法人等）について準用する。

（法人の長及び監事となるべき者）

第十四条　文部科学大臣は、独立行政法人（国立大学法人等）の学長（大学共同利用機関法人にあっては、機構長。以下同じ。）となるべき者及び監事となるべき者を指名する。

2　前項の規定により指名された学長又は監事となるべき者は、独立行政法人（国立大学法人等）の成立の時において、国立大学法人法の規定により、それぞれ法人の長又は監事に任命された者とする。

3　国立大学法人法第十二条第七項（大学共同利用機関法人にあっては、同法第二十六条において準用する同項）の規定は、第一項の学長となるべき者の指名について準用する。

（設立委員）

第十五条　文部科学大臣は、設立委員を命じて、独立行政法人（国立大学法人等）の設立に関する事務を処理させる。
2　設立委員は、独立行政法人（国立大学法人等）の設立の準備を完了したときは、遅滞なく、その旨を文部科学大臣に届け出るとともに、その事務を前条第一項の規定により指名された学長となるべき者に引き継がなければならない。
（設立の登記）
第十六条　第十四条第一項の規定により指名された学長となるべき者は、前項第二項の規定による事務の引継ぎを受けたときは、遅滞なく、政令で定めるところにより、設立の登記をしなければならない。
第十七条　独立行政法人（国立大学法人等）は、設立の登記をすることによって成立する。

第二節　国立大学法人評価委員会

第九条　文部科学省に、国立大学法人等に関する事務を処理させるため、国立大学法人評価委員会（以下「評価委員会」という。）を置く。
2　評価委員会は、次に掲げる事務をつかさどる。
一　国立大学法人等の業務の実績に関する評価に関すること。
二　その他この法律によりその権限に属させられた事項を処理すること。
3　前項に定めるもののほか、評価委員会の組織、所掌事務及び委員その他の職員その他評価委員会に関し必要な事項については、政令で定める。

参院付帯決議

九　国立大学法人評価委員会の委員は大学の教育研究や運営について高い識見を有する者から選任すること。評価委員会の委員の氏名や経歴の外、会議の議事録を公表するとともに、会議を公開するなどにより公正性・透明性を確保すること。

注　衆院付帯決議関連部分については第三十一条関連項目参照

第二章　組織及び業務

第一節　国立大学法人

第一款　役員及び職員

（役員）

第十条　各国立大学法人に、役員として、その長である学長及び監事二人を置く。

２　各国立大学法人に、役員として、それぞれ別表第一の第四欄に定める員数以内の理事を置く。

（役員の職務及び権限）

第十一条　学長は、学校教育法（昭和二十二年法律第二十六号）第九十二条第三項に規定する職務を行う

とともに、国立大学法人を代表し、その業務を総理する。（平成一九法九六・一部改正）

2　学長は、次の事項について決定しようとするときは、学長及び理事で構成する会議（第五号において「役員会」という。）の議を経なければならない。

一　中期目標についての意見（国立大学法人等が第三十条第三項の規定により文部科学大臣に対し述べる意見をいう。以下同じ。）及び年度計画に関する事項

二　この法律により文部科学大臣の許可又は承認を受けなければならない事項

三　予算の作成及び執行並びに決算に関する事項

四　当該国立大学、学部、学科その他の重要な組織の設置又は廃止に関する事項

五　その他役員会が定める重要事項

3　理事は、学長の定めるところにより、学長を補佐して国立大学法人の業務を掌理し、学長に事故があるときはその職務を代理し、学長が欠員のときはその職務を行う。

4　監事は、国立大学法人の業務を監査する。

5　監事は、監査の結果に基づき、必要があると認めるときは、学長又は文部科学大臣に意見を提出することができる。

（役員の任命）

第十二条　学長の任命は、国立大学法人の申出に基づいて、文部科学大臣が行う。

2　前項の申出は、第一号に掲げる委員及び第二号に掲げる委員各同数をもって構成する会議（以下「学長選考会議」という。）の選考により行うものとする。

一　第二十条第二項第三号に掲げる者の中から同条第一項に規定する経営協議会において選出された者
二　第二十一条第二項第三号又は第四号に掲げる者の中から同条第一項に規定する教育研究評議会において選出された者
3　前項各号に掲げる者のほか、学長選考会議の定めるところにより、学長又は理事を学長選考会議の委員に加えることができる。ただし、その数は、学長選考会議の委員の総数の三分の一を超えてはならない。
4　学長選考会議に議長を置き、委員の互選によってこれを定める。
5　議長は、学長選考会議を主宰する。
6　この条に定めるもののほか、学長選考会議の議事の手続その他学長選考会議に関し必要な事項は、議長が学長選考会議に諮って定める。
7　第二項に規定する学長の選考は、人格が高潔で、学識が優れ、かつ、大学における教育研究活動を適切かつ効果的に運営することができる能力を有する者のうちから行わなければならない。
8　監事は、文部科学大臣が任命する。

参院付帯決議
四　学長選考会議の構成については、公正性・透明性を確保し、特に現学長が委員になることについては、制度の趣旨に照らし、厳格に運用すること。

第十三条　理事は、前条第七項に規定する者のうちから、学長が任命する。
2　学長は、前項の規定により理事を任命したときは、遅滞なく、文部科学大臣に届け出るとともに、これを公表しなければならない。

第十四条　学長又は文部科学大臣は、それぞれ理事又は監事を任命するに当たっては、その任命の際現に当該国立大学法人の役員又は職員でない者が含まれるようにしなければならない。

衆院付帯決議
三　役員等については、大学の教育研究や運営に高い識見を有し、当該大学の発展に貢献し得る者を選任するように努めること。
参院付帯決議
三　役員等については、大学の教育研究や運営に高い識見を有し、当該大学の発展に貢献し得る者を選任するとともに、選任理由等を公表すること。また、政府や他法人からの役員の選任については、その必要性を十分に勘案し、大学の自主性・自律性を阻害すると批判されることのないよう、節度を持って対応すること。監事の任命に当たっては、大学の意向を反映するように配慮すること。

（役員の任期）
第十五条　学長の任期は、二年以上六年を超えない範囲内において、学長選考会議の議を経て、各国立大学法人の規則で定める。
2　理事の任期は、六年を超えない範囲内で、学長が定める。ただし、理事の任期の末日は、当該理事を任命する学長の任期の末日以前でなければならない。
3　監事の任期は、二年とする。ただし、補欠の監事の任期は、前任者の残任期間とする。
4　役員は、再任されることができる。この場合において、当該役員がその最初の任命の際現に当該国立大学法人の役員又は職員でなかったときの前条の規定の適用については、その再任の際現に当該国立大学法人の役員又は職員でない者とみなす。

（役員の欠格条項）

第十六条　政府又は地方公共団体の職員（非常勤の者を除く。）は、役員となることができない。

2　前項の規定にかかわらず、教育公務員で政令で定める者は、非常勤の理事又は監事となることができる。

（役員の解任）

第十七条　文部科学大臣又は学長は、それぞれの任命に係る役員が前条の規定により役員となることができない者に該当するに至ったときは、その役員を解任しなければならない。

2　文部科学大臣又は学長は、それぞれの任命に係る役員が次の各号のいずれかに該当するとき、その他役員たるに適しないと認めるときは、その役員を解任することができる。

一　心身の故障のため職務の遂行に堪えないと認められるとき。

二　職務上の義務違反があるとき。

3　前項に規定するもののほか、文部科学大臣又は学長は、それぞれの任命に係る役員（監事を除く。）の職務の執行が適当でないため当該国立大学法人の業務の実績が悪化した場合であって、その役員に引き続き当該職務を行わせることが適当でないと認めるときは、その役員を解任することができる。

4　前二項の規定により文部科学大臣が行う学長の解任は、当該国立大学法人の学長選考会議の申出により行うものとする。

5　学長は、第一項から第三項までの規定により理事を解任したときは、遅滞なく、文部科学大臣に届け出るとともに、これを公表しなければならない。

通則法準用

第二十四条　独立行政法人（国立大学法人等）と学長その他の代表権を有する役員との利益が相反する事項については、これらの者は、代表権を有しない。この場合には、監事が当該独立行政法人（国立大学法人等）を代表する。

（代理人の選任）

第二十五条　学長その他の代表権を有する役員は、当該独立行政法人（国立大学法人等）の代表権を有しない役員又は職員のうちから、当該独立行政法人（国立大学法人等）の業務の一部に関し一切の裁判上又は裁判外の行為をする権限を有する代理人を選任することができる。

（職員の任命）

第二十六条　独立行政法人（国立大学法人等）の職員は、学長が任命する。

（役員及び職員の秘密保持義務）

第十八条　国立大学法人の役員及び職員は、職務上知ることのできた秘密を漏らしてはならない。その職を退いた後も、同様とする。

（役員及び職員の地位）

第十九条　国立大学法人の役員及び職員は、刑法（明治四十年法律第四十五号）その他の罰則の適用については、法令により公務に従事する職員とみなす。

第二款　経営協議会等

（経営協議会）

第二十条　国立大学法人に、国立大学法人の経営に関する重要事項を審議する機関として、経営協議会を置く。

2　経営協議会は、次に掲げる委員で組織する。

一　学長

二　学長が指名する理事及び職員

三　当該国立大学法人の役員又は職員以外の者で大学に関し広くかつ高い識見を有するもののうちから、次条第一項に規定する教育研究評議会の意見を聴いて学長が任命するもの

3　前項第三号の委員の数は、経営協議会の委員の総数の二分の一以上でなければならない。

4　経営協議会は、次に掲げる事項を審議する。

一　中期目標についての意見に関する事項のうち、国立大学法人の経営に関するもの

二　中期計画及び年度計画に関する事項のうち、国立大学法人の経営に関するもの

三　学則（国立大学法人の経営に関する部分に限る。）、会計規程、役員に対する報酬及び退職手当の支給の基準、職員の給与及び退職手当の支給の基準その他の経営に係る重要な規則の制定又は改廃に関する事項

四　予算の作成及び執行並びに決算に関する事項

五　組織及び運営の状況について自ら行う点検及び評価に関する事項
六　その他国立大学法人の経営に関する重要事項
5　経営協議会に議長を置き、学長をもって充てる。
6　議長は、経営協議会を主宰する。
（教育研究評議会）
第二十一条　国立大学法人に、国立大学の教育研究に関する重要事項を審議する機関として、教育研究評議会を置く。
2　教育研究評議会は、次に掲げる評議員で組織する。
一　学長
二　学長が指名する理事
三　学部、研究科、大学附置の研究所その他の教育研究上の重要な組織の長のうち、教育研究評議会が定める者
四　その他教育研究評議会が定めるところにより学長が指名する職員
3　教育研究評議会は、次に掲げる事項について審議する。
一　中期目標についての意見に関する事項（前条第四項第一号に掲げる事項を除く。）
二　中期計画及び年度計画に関する事項（前条第四項第二号に掲げる事項を除く。）
三　学則（国立大学法人の経営に関する部分を除く。）その他の教育研究に係る重要な規則の制定又は改廃に関する事項

四　教員人事に関する事項
五　教育課程の編成に関する方針に係る事項
六　学生の円滑な修学等を支援するために必要な助言、指導その他の援助に関する事項
七　学生の入学、卒業又は課程の修了その他学生の在籍に関する方針及び学位の授与に関する方針に係る事項
八　教育及び研究の状況について自ら行う点検及び評価に関する事項
九　その他国立大学の教育研究に関する重要事項
4　教育研究評議会に議長を置き、学長をもって充てる。
5　議長は、教育研究評議会を主宰する。

衆院付帯決議
二　国立大学の運営に当たっては、学長、役員会、経営協議会、教育研究評議会等がそれぞれの役割・機能を十分に果たすとともに、相互に連携を密にすることにより自主的・自律的な意思決定がなされるように努めること。また、教授会の役割についても十分配慮すること。
参院付帯決議
二　国立大学法人の運営に当たっては、学長、役員会、経営協議会、教育研究評議会等がそれぞれの役割・機能を十分に果たすとともに、全学的な検討事項については、各組織での議論を踏まえた合意形成に努めること。また、教授会の役割の重要性に十分配慮すること。

第三款　業務等

（業務の範囲等）

第二十二条　国立大学法人は、次の業務を行う。

一　国立大学を設置し、これを運営すること。

二　学生に対し、修学、進路選択及び心身の健康等に関する相談その他の援助を行うこと。

三　当該国立大学法人以外の者から委託を受け、又はこれと共同して行う研究の実施その他の当該国立大学法人以外の者との連携による教育研究活動を行うこと。

四　公開講座の開設その他の学生以外の者に対する学習の機会を提供すること。

五　当該国立大学における研究の成果を普及し、及びその活用を促進すること。

六　当該国立大学における技術に関する研究の成果の活用を促進する事業であって政令で定めるものを実施する者に出資すること。

七　前各号の業務に附帯する業務を行うこと。

2　国立大学法人は、前項第六号に掲げる業務を行おうとするときは、文部科学大臣の認可を受けなければならない。

3　文部科学大臣は、前項の認可をしようとするときは、あらかじめ、評価委員会の意見を聴かなければならない。

4　国立大学及び次条の規定により国立大学に附属して設置される学校の授業料その他の費用に関し必要

な事項は、文部科学省令で定める。

参院付帯決議

十三、学生納付金については、経済状況によって学生の進学機会を奪うこととならないよう、将来にわたって適正な金額、水準を維持するとともに、授業料等減免制度の充実、独自の奨学金の創設等、法人による学生支援の取組についても積極的に推奨、支援すること。

注　衆院付帯決議の学生納付金に関する部分は、通則法第四十六条準用関連項目に含まれる。

通則法準用

（業務方法書）

第二十八条　独立行政法人（国立大学法人等）は、業務開始の際、業務方法書を作成し、文部科学大臣の認可を受けなければならない。これを変更しようとするときも、同様とする。

2　前項の業務方法書に記載すべき事項は、文部科学省令で定める。

3　文部科学大臣は、第一項の認可をしようとするときは、あらかじめ、国立大学法人評価委員会の意見を聴かなければならない。

4　独立行政法人（国立大学法人等）は、第一項の認可を受けたときは、遅滞なく、その業務方法書を公表しなければならない。

（大学附属の学校）

第二十三条　国立大学に、文部科学省令で定めるところにより、幼稚園、小学校、中学校、高等学校、中等教育学校、特別支援学校又は専修学校を附属させて設置することができる。（平成一八法八〇・平成

一九法九六・一部改正）

第二節　大学共同利用機関法人

第一款　役員及び職員

（役員）

第二十四条　各大学共同利用機関法人に、役員として、その長である機構長及び監事二人を置く。

2　各大学共同利用機関法人に、役員として、それぞれ別表第二の第四欄に定める員数以内の理事を置く。

（役員の職務及び権限）

第二十五条　機構長は、大学共同利用機関法人を代表し、その業務を総理する。

2　機構長は、次の事項について決定しようとするときは、機構長及び理事で構成する会議（第五号において「役員会」という。）の議を経なければならない。

一　中期目標についての意見及び年度計画に関する事項

二　この法律により文部科学大臣の認可又は承認を受けなければならない事項

三　予算の作成及び執行並びに決算に関する事項

四　当該大学共同利用機関その他の重要な組織の設置又は廃止に関する事項

五　その他役員会が定める重要事項

3　理事は、機構長の定めるところにより、機構長を補佐して大学共同利用機関法人の業務を掌理し、機構長に事故があるときはその職務を代理し、機構長が欠員のときはその職務を行う。
4　監事は、大学共同利用機関法人の業務を監査する。
5　監事は、監査の結果に基づき、必要があると認めるときは、機構長又は文部科学大臣に意見を提出することができる。

（国立大学法人の役員及び職員に関する規定の準用）
第二十六条　第十二条から第十九条までの規定は、大学共同利用機関法人の役員及び職員について準用する。この場合において、これらの規定中「学長」とあるのは「機構長」と、「国立大学法人」とあるのは「大学共同利用機関法人」と、「学長選考会議」とあるのは「機構長選考会議」と読み替えるほか、第十二条第二項第一号中「第二十条第二項第三号」とあるのは「第二十七条第二項第三号」と、同項第二号中「第二十一条第二項第三号又は第四号」とあるのは「第二十八条第二項第三号から第五号まで」と、同条第七項中「大学」とあるのは「大学共同利用機関」と読み替えるものとする。

第二款　経営協議会等

（経営協議会）
第二十七条　大学共同利用機関法人に、大学共同利用機関法人の経営に関する重要事項を審議する機関として、経営協議会を置く。

2　経営協議会は、次に掲げる委員で組織する。
一　機構長
二　機構長が指名する理事及び職員
三　当該大学共同利用機関法人の役員又は職員以外の者で大学共同利用機関に関し広くかつ高い識見を有するもののうちから、次項第一項に規定する教育研究評議会の意見を聴いて機構長が任命するもの
3　前項第三号の委員の数は、経営協議会の委員の総数の二分の一以上でなければならない。
4　経営協議会は、次に掲げる事項を審議する。
一　中期目標についての意見に関する事項のうち、大学共同利用機関法人の経営に関するもの
二　中期計画及び年度計画に関する事項のうち、大学共同利用機関法人の経営に関するもの
三　会計規程、役員に対する報酬及び退職手当の支給の基準、職員の給与及び退職手当の支給の基準その他の経営に係る重要な規則の制定又は改廃に関する事項
四　予算の作成及び執行並びに決算に関する事項
五　組織及び運営の状況について自ら行う点検及び評価に関する事項
六　その他大学共同利用機関法人の経営に関する重要事項
5　経営協議会に議長を置き、機構長をもって充てる。
6　議長は、経営協議会を主宰する。

（教育研究評議会）

第二十八条　大学共同利用機関法人に、大学共同利用機関の教育研究に関する重要事項を審議する機関と

して、教育研究評議会を置く。

2　教育研究評議会は次に掲げる評議員で組織する。

一　機構長

二　機構長が指名する理事

三　大学共同利用機関の長

四　その他教育研究評議会が定めるところにより機構長が指名する職員

五　当該大学共同利用機関法人の役員及び職員以外の者で当該大学共同利用機関の行う研究と同一の研究に従事するもの（前条第二項第三号に掲げる者を除く。）のうちから教育研究評議会が定めるところにより機構長が任命するもの

3　教育研究評議会は、次に掲げる事項について審議する。

一　中期目標についての意見に関する事項（前条第四項第一号に掲げる事項を除く。）

二　中期計画及び年度計画に関する事項（前条第四項第二号に掲げる事項を除く。）

三　教育研究に係る重要な規則の制定又は改廃に関する事項

四　職員のうち、専ら研究又は教育に従事する者の人事に関する事項

五　共同研究計画の募集及び選定に関する方針並びに共同研究の実施に関する方針に係る事項

六　大学院における教育その他大学における教育への協力に関する事項

七　教育及び研究の状況について自ら行う点検及び評価に関する事項

八　その他大学共同利用機関の教育研究に関する重要事項

4　教育研究評議会に議長を置き、機構長をもって充てる。
5　議長は、教育研究評議会を主宰する。

第三款　業務等

（業務の範囲等）
第二十九条　大学共同利用機関法人は、次の業務を行う。
一　大学共同利用機関を設置し、これを運営すること。
二　大学共同利用機関の施設及び設備等を大学の教員その他の者で当該大学共同利用機関の行う研究と同一の研究に従事するものの利用に供すること。
三　大学の要請に応じ、大学院における教育その他その大学における教育に協力すること。
四　当該大学共同利用機関における研究の成果（第二号の規定による大学共同利用機関の施設及び設備等の利用に係る研究の成果を含む。次号において同じ。）を普及し、及びその活用を促進すること。
五　当該大学共同利用機関における技術に関する研究の成果の活用を促進する事業であって政令で定めるものを実施する者に出資すること。
六　前各号の業務に附帯する業務を行うこと。
2　大学共同利用機関法人は、前項第五号に掲げる業務を行おうとするときは、文部科学大臣の認可を受けなければならない。

3　文部科学大臣は、前項の認可をしようとするときは、あらかじめ、評価委員会の意見を聴かなければならない。

第三章　中期目標等

（中期目標）

第三十条　文部科学大臣は、六年間において国立大学法人等が達成すべき業務運営に関する目標を中期目標として定め、これを当該国立大学法人等に示すとともに、公表しなければならない。これを変更したときも、同様とする。

2　中期目標においては、次に掲げる事項について定めるものとする。

一　教育研究の質の向上に関する事項

二　業務運営の改善及び効率化に関する事項

三　財務内容の改善に関する事項

四　教育及び研究並びに組織及び運営の状況について自ら行う点検及び評価並びに当該状況に係る情報の提供に関する事項

五　その他業務運営に関する重要事項

3　文部科学大臣は、中期目標を定め、又はこれを変更しようとするときは、あらかじめ、国立大学法人等の意見を聴き、当該意見に配慮するとともに、評価委員会の意見を聴かなければならない。

（中期計画）

第三十一条　国立大学法人等は、前項第一項の規定により中期目標を示されたときは、当該中期目標に基づき、文部科学省令で定めるところにより、当該中期目標を達成するための計画を中期計画として作成し、文部科学大臣の認可を受けなければならない。これを変更しようとするときも、同様とする。

2　中期計画においては、次に掲げる事項を定めるものとする。

一　教育研究の質の向上に関する目標を達成するためとるべき措置

二　業務運営の改善及び効率化に関する目標を達成するためとるべき措置

三　予算（人事費の見積りを含む。）収支計画及び資金計画

四　短期借入金の限度額

五　重要な財産を譲渡し、又は担保に供しようとするときは、その計画

六　剰余金の使途

七　その他文部科学省令で定める業務運営に関する事項

3　文部科学大臣は、第一項の認可をしようとするときは、あらかじめ、評価委員会の意見を聴かなければならない。

4　文部科学大臣は、第一項の認可をした中期計画が前項第二項各号に掲げる事項の適正かつ確実な実施上不適当となったと認めるときは、その中期計画を変更すべきことを命ずることができる。

5　国立大学法人等は、第一項の認可を受けたときは、遅滞なく、その中期計画を公表しなければならない。

通則法準用

（年度計画）

第三十一条　独立行政法人（国立大学法人等）は、毎事業年度の開始前に、国立大学法人法第三十一条第一項の認可を受けた同項に規定する中期計画（以下「中期計画」という。）に基づき、文部科学省令で定めるところにより、その事業年度の業務運営に関する計画（次項において「年度計画」という。）を定め、これを文部科学大臣に届け出るとともに、公表しなければならない。これを変更したときも、同様とする。

2　独立行政法人（国立大学法人等）の最初の事業年度の年度計画については、前項中「毎事業年度の開始前に、前条第一項の認可を受けた」とあるのは、「その成立後最初の中期計画について国立大学法人法第三十一条第一項の認可を受けた後遅滞なく、その」とする。

（各事業年度に係る業務の実績に関する評価）

第三十二条　独立行政法人（国立大学法人等）は、文部科学省令で定めるところにより、各事業年度における業務の実績について、国立大学法人評価委員会の評価を受けなければならない。

2　前項の評価は、当該事業年度における中期計画の実施状況の調査をし、及び分析をし、並びにこれらの調査及び分析の結果を考慮して当該事業年度における業務の実績の全体について総合的な評定をして、行わなければならない。

3　国立大学法人評価委員会は、第一項の評価を行ったときは、遅滞なく、当該独立行政法人（国立大学法人等）及び政令で定める審議会（以下「審議会」という。）に対して、その評価の結果を通知しなければならない。この場合において、国立大学法人評価委員会は、必要があると認めるときは、当該独立行政法人（国立大学法人等）に対し、業務運営の改善その他の勧告をすることができる。

4　国立大学法人評価委員会は、前項の規定による通知を行ったときは、遅滞なく、その通知に係る事項（同項後段の規定による勧告をした場合にあっては、その通知に係る事項及びその勧告の内容）を公表しなければならない。

5　審議会は、第三項の規定により通知された評価の結果について、必要があると認めるときは、国立大学法人評価委員会に対し、意見を述べることができる。

（中期目標に係る事業報告書）

第三十三条　独立行政法人（国立大学法人等）は、中期目標の期間の終了後三月以内に、文部科学省令で定めるところにより、当該中期目標に係る事業報告書を文部科学大臣に提出するとともに、これを公表しなければならない。

（中期目標に係る業務の実績に関する評価）

第三十四条　独立行政法人（国立大学法人等）は、文部科学省令で定めるところにより、中期目標の期間における業務の実績について国立大学法人評価委員会の評価を受けなければならない。

2　前項の評価は、当該中期目標の期間における中期目標の達成状況の調査をし、及び分析をし、並びにこれらの調査及び分析の結果を考慮するとともに、独立行政法人大学評価・学位授与機構に対し独立行政法人大学評価・学位授与機構法（平成十五年法律第百十四号）第十六条第二項に規定する国立大学及び大学共同利用機関の教育研究の状況についての評価の実施を要請し、当該評価の結果を尊重して当該中期目標の期間における業務の実績の全体について総合的な評定をして、行わなければならない。

3　第三十二条第三項から第五項までの規定は、第一項の評価について準用する。

（中期目標の期間の終了時の検討）

第三十五条　文部科学大臣は、独立行政法人（国立大学法人等）の中期目標の期間の終了時において、当該独立行政法人の業務を継続させる必要性、組織の在り方その他その組織及び業務の全般にわたる検討を行い、その結果に基づき、所要の措置を講ずるものとする。

2　文部科学大臣は、前項の規定による検討を行うに当たっては、国立大学法人評価委員会の意見を聴かなければならない。

3　審議会は、独立行政法人の中期目標の期間の終了時において、当該独立行政法人の主要な事務及び事業の改廃に関し、主務大臣に勧告することができる。

衆院付帯決議

四　文部科学大臣は、中期目標の作成及び中期計画の認可に当たっては、大学の自主性・自律性を尊重する観点に立って適切に行うこと。

五　国立大学の評価に当たっては、明確かつ透明性のある基準に従って行うとともに、基礎的な学問分野の継承発展や国立大学が地域の教育、文化、産業等の基盤を支えている役割にも十分配慮すること。また、中期目標等の業績評価と資源配分を結びつけることについては、大学の自主性・自律性を尊重する観点に立って慎重な運用に努めること。さらに、評価に係る業務が国立大学の教職員の過度の負担とならないよう努めること。国立大学法人評価委員会の委員は大学の教育研究や運営について高い識見をもつ者から選任すること。

参院付帯決議

五　中期目標の実際上の作成主体が法人であることにかんがみ、文部科学大臣は、個々の教員の教育研究活動には言及しないこと。文部科学大臣が中期目標・中期計画の原案を変更した場合の理由及び国立大学法人評価委員会の意見の公表等を通じて、決定過程の透明性の確保を図るとともに、原案の変更は、財政上の理由など真にやむを得ない場合に限ること。

六　法人に求める中期目標・中期計画に係る参考資料等については、極力、簡素化を図ること。また、評価に係る業務が教職員の過度の負担とならないよう、特段の措置を講ずること。

七　国立大学の評価に当たっては、基礎的な学問分野の継承発展や国立大学が地域の教育、文化、産業等の基盤を支えている役割にも十分配慮すること。また、評価結果が確定する前の大学からの意見申立ての機会の付与について法令上明記し、評価の信頼性の向上に努めること。

八　国立大学法人法による評価制度及び評価結果と資源配分の関係については、同法第三条の趣旨を踏まえ慎重な運用に努めるとともに、継続的に見直しを行うこと。

十　独立行政法人法通則法を準用するに当たっては、総務省、財務省、文部科学省及び国立大学法人の関係において、大学の教育研究機関としての本質が損なわれることのないよう、国立大学法人と独立行政法人の違いに十分留意すること。

十一　独立行政法人通則法第三十五条の準用による政策評価・独立行政法人評価委員会からの国立大

学法人等の主要な事務・事業の改廃勧告については、国立大学法人法第三条の趣旨を十分に踏まえ、各大学の大学本体や学部等の具体的な組織の改廃、個々の教育研究活動については言及しないこと。また、必要な資料の提出等の依頼は、直接大学に対して行わず、文部科学大臣に対して行うこと。

十四　国立大学附置研究所については、大学の基本的組織の一つであり、学術研究の中核的拠点としての役割を果たしていることにかんがみ、短期的な評価を厳に戒めるとともに、財政支出の充実に努めること。全国共同利用の附置研究所についてもその特性を生かすこと。また、各研究組織の設置・改廃や全国共同利用化を検討するに当たっては、各分野の特性や研究手法の違いを十分尊重し、慎重に対応すること。

第四章　財務及び会計

通則法準用

（事業年度）

第三十六条　独立行政法人（国立大学法人等）の事業年度は、毎年四月一日に始まり、翌年三月三十一日に終わる。

2　独立行政法人（国立大学法人等）の最初の事業年度は、前項の規定にかかわらず、その成立の日に始まり、翌年の三月三十一日（一月一日から三月三十一日までの間に成立した独立行政法人（国立大学法人等）にあっては、その年の三月三十一日）に終わるものとする。

（企業会計原則）

第三十七条　独立行政法人（国立大学法人等）の会計は、文部科学省令で定めるところにより、原則として企業会計原則によるものとする。

（財務諸表等）

第三十八条　独立行政法人（国立大学法人等）は、毎事業年度、貸借対照表、損益計算書、利益の処分又は損失の処理に関する書類その他文部科学省令で定める書類及びこれらの附属明細書（以下「財務諸表」という。）を作成し、当該事業年度の終了後三月以内に文部科学大臣に提出し、その承認を受けなければならない。

2　独立行政法人（国立大学法人等）は、前項の規定により財務諸表を文部科学大臣に提出するときは、これに当該事業年度の事業報告書及び予算の区分に従い作成した決算報告書を添え、並びに財務諸表及び決算報告書に関する監事及び会計監査人の意見を付けなければならない。

3　文部科学大臣は、第一項の規定により財務諸表を承認しようとするときは、あらかじめ、国立大学法人評価委員会の意見を聴かなければならない。

4　独立行政法人（国立大学法人等）は、第一項の規定による文部科学大臣の承認を受けたときは、遅滞なく、財務諸表を官報に公告し、かつ、財務諸表並びに第二項の事業報告書、決算報告書並びに監事及び会計監査人の意見を記載した書面を、各事務所に備えて置き、文部科学省令で定める期間、一般の閲覧に供しなければならない。

（会計監査人の監査）

第三十九条　国立大学法人等は、財務諸表、事業報告書（会計に関する部分に限る。）及び決算報告書について、監事の監査のほか、会計監査人の監査を受けなければならない。

（会計監査人の選任）

第四十条　会計監査人は、文部科学大臣が選任する。

（会計監査人の資格）

第四十一条　会計監査人は、公認会計士（公認会計士法（昭和二十三年法律第百三号）第十六条の二第五項に規定する外国公認会計士を含む。）又は監査法人であることを要し、その欠格事由については、会社法第三百三十七条第三項の規定を準用する。この場合において、同項第一号中「第四百三十五条第二項に規定する計算書類」とあるのは、「国立大学法人法第三十五条において準用する独立行政法人通則法第三十八条第一項に規定する財務諸表」と読替えるものとする（平成一七・法八七・改正）。

（会計監査人の任期）

第四十二条　会計監査人の任期は、その選任の日以後最初に終了する事業年度の財務諸表についての文部科学大臣の第三十八条第一項の承認の時までとする。

（会計監査人の解任）

第四十三条　文部科学大臣は、会計監査人が次の各号の一に該当するときは、その会計監査人を解任することができる。

一　職務上の義務に違反し、又は職務を怠ったとき。

二　会計監査人たるにふさわしくない非行があったとき。
三　心身の故障のため、職務の遂行に支障があり、又はこれに堪えないとき。
（利益及び損失の処理）
第四十四条　独立行政法人（国立大学法人等）は、毎事業年度、損益計算において利益を生じたときは、前事業年度から繰り越した損失をうめ、なお残余があるときは、その残余の額は、積立金として整理しなければならない。ただし、第三項の規定により同項の使徒に充てる場合は、この限りでない。
2　独立行政法人（国立大学法人等）は、毎事業年度、損益計算において損失を生じたときは、前項の規定による積立金を減額して整理し、なお不足があるときは、その不足額は、繰越欠損金として整理しなければならない。
3　独立行政法人（国立大学法人等）は、第一項に規定する残余があるときは、文部科学大臣の承認を受けて、その残余の額の全部又は一部を国立大学法人法第三十一条第一項の認可を受けた中期計画（同項後段の規定による変更の認可を受けたときは、その変更後のもの。以下単に「中期計画」という。）の同条第二項第六号の剰余金の使途に充てることができる。
4　文部科学大臣は、前項の規定による承認をしようとするときは、あらかじめ、国立大学法人評価委員会の意見を聴かなければならない。
5　第一項の規定による積立金の処分については、国立大学法人法第三十二条で定めるところによる。

（積立金の処分）
第三十二条　国立大学法人等は、中期目標の期間の最後の事業年度に係る準用通則法第四十四条第一項又は第二項の規定による整理を行った後、同条第一項の規定による積立金があるときは、その額に相当する金額のうち文部科学大臣の承認を受けた金額を、当該中期目標の期間の次の中期目標の期間に係る前条第一項の認可を受けた中期計画（同項後段の規定による変更の認可を受けたときは、その変更後のもの）の定めるところにより、当該次の中期目標の期間における第二十二条第一項又は第二十九条第一項に規定する業務の財源に充てることができる。

2　文部科学大臣は、前項の規定による承認をしようとするときは、あらかじめ、評価委員会の意見を聴かなければならない。

3　国立大学法人等は、第一項に規定する積立金の額に相当する金額から同項の規定による承認を受けた金額を控除してなお残余があるときは、その残余の額を国庫に納付しなければならない。

4　前三項に定めるもののほか、納付金の納付の手続その他積立金の処分に関し必要な事項は、政令で定める。

通則法準用

（借入金等）

第四十五条　独立行政法人（国立大学法人等）は、中期計画の国立大学法人法第三十一条第二項第四号の短期借入金の限度額の範囲内で短期借入金をすることができる。ただし、やむを得ない事由があるものとして文部科学大臣の認可を受けた場合は、当該限度額を超えて短期借入金をすることができる。

2　前項の規定による短期借入金は、当該事業年度内に償還しなければならない。ただし、資金の不足のため償還することができないときは、その償還することができない金額に限り、文部科学大臣の認可を受けて、これを借り換えることができる。
3 前項ただし書の規定により借り換えた短期借入金は、一年以内に償還しなければならない。
4 文部科学大臣は、第一項ただし書又は第二項ただし書の規定による認可をしようとするときは、あらかじめ国立大学法人評価委員会の意見を聴かなければならない。
5 独立行政法人（国立大学法人等）は、国立大学法人法第三十三条第一項又は第二項の規定によるほか、長期借入金及び債券発行をすることができない。

（長期借入金及び債券）

第三十三条 国立大学法人等は、政令で定める土地の取得、施設の設置若しくは整備又は設備の設置に必要な費用に充てるため、文部科学大臣の認可を受けて、長期借入金をし、又は当該国立大学法人等の名称を冠する債券（以下「債券」という。）を発行することができる。
2 前項に規定するもののほか、国立大学法人等は、長期借入金又は債券で政令で定めるものの償還に充てるため、文部科学大臣の認可を受けて、長期借入金をし、又は債券を発行することができる。ただし、その償還期間が政令で定める期間のものに限る。
3 文部科学大臣は、前二項の規定による認可をしようとするときは、あらかじめ、評価委員会の意見を聴かなければならない。
4 第一項又は第二項の規定による債券の債権者は、当該債券を発行した国立大学法人等の財産について他の債権者に先立って自己の債権の弁済を受ける権利を有する。

5　前項の先取特権の順位は、民法（明治二十九年法律第八十九号）の規定による一般の先取特権に次ぐものとする。
6　国立大学法人等は、文部科学大臣の認可を受けて、債券の発行に関する事務の全部又は一部を銀行又は信託会社に委託することができる。
7　会社法（平成一七年法律第八十六号）第七百五条第一項及び第二項並びに第七百九条の規定は、前項の規定により委託を受けた銀行又は信託会社について準用する。（平成一七・法八七・改正）
8　前各項に定めるもののほか、第一項又は第二項の規定による長期借入金又は債券に関し必要な事項は、政令で定める。

（償還計画）
第三十四条　前条第一項又は第二項の規定により、長期借入金をし、又は債券を発行する国立大学法人等は、毎事業年度、長期借入金及び債券の償還計画を立てて、文部科学大臣の認可を受けなければならない。
2　文部科学大臣は、前項の規定による認可をしようとするときは、あらかじめ、評価委員会の意見を聴かなければならない。

> 通則法準用
> （財源措置）
> 第四十六条　政府は、予算の範囲内において、独立行政法人に対し、その業務の財源に充てるために必要な金額の全部又は一部に相当する金額を交付することができる。

衆院付帯決議

六　運営費交付金等の算定に当たっては、公平かつ透明性のある基準に従って行うとともに、法人化前の公費投入額を十分に確保し、必要な運営費交付金等を措置するよう努めること。また、学生納入金については、経済状況によって学生の進学機会を奪うこととならないよう、適正な金額とするよう努めること。

八　国は、高等教育の果たす役割の重要性に鑑み、国公私立全体を通じた高等教育に対する財政支出の充実に努めること。また、高等教育及び学術研究の水準の向上と自立的な発展を図る立場から、地方の大学の整備・充実に努めること。

参院付帯決議

十二　運営費交付金等の算定に当たっては、算定基準及び算定根拠を明確にした上で公表し、公正性・透明性を確保するとともに、各法人の規模等その特性を考慮した適切な算定方法となるよう工夫すること。また、法人化前の公費投入額を踏まえ、従来以上に各国立大学における教育研究が確実に実施されるに必要な所要額を確保すること。

十九　前掲衆院付帯決議八と同文

通則法準用

（余裕金の運用）

第四十七条　独立行政法人（国立大学法人等）は、次の方法による場合を除くほか、業務上の余裕金を運用してはならない。

一　国債、地方債、政府保証債（その元本の償還及び利息の支払について政府が保証する債券をいう。）その他文部科学大臣の指定する有価証券の取得
二　銀行その他文部科学大臣の指定する金融機関への預金
三　信託業務を営む金融機関（金融機関の信託業務の兼営等に関する法律（昭和十八年法律第四十三号）第一条第一項の許可を受けた金融機関をいう。）への金銭信託。

（財産の処分等の制限）
第四十八条　独立行政法人（国立大学法人等）は、文部科学省令で定める重要な財産を譲渡し、又は担保に供しようとするときは、文部科学大臣の認可を受けなければならない。ただし、中期計画において国立大学法人法第三十一条第二項第五号の計画を定めた場合であって、その計画に従って当該重要な財産を譲渡し、又は担保に供するときは、この限りでない。
2　文部科学大臣は、前項の規定による認可をしようとするときは、あらかじめ、国立大学法人評価委員会の意見を聴かなければならない。

（会計規程）
第四十九条　独立行政法人（国立大学法人等）は、業務開始の際、会計に関する事項について規程を定め、これを文部科学大臣に届け出なければならない。これを変更したときも、同様とする。

（文部科学省令への委任）
第五十条　この法律及び国立大学法人法並びにこれに基づく政令に規定するもののほか、独立行政法人の財務及び会計に関し必要な事項は、文部科学省令で定める。

（役員の報酬等）
第五十二条　特定独立行政法人（国立大学法人等）の役員に対する報酬及び退職手当（以下「報酬等」という。）は、その役員の業績が考慮されるものでなければならない。
2　特定独立行政法人（国立大学法人等）は、その役員に対する報酬等の支給の基準を定め、これを文部科学大臣に届け出るとともに、公表しなければならない。これを変更したときも、同様とする。
3　前項の報酬等の支給の基準は、国家公務員の給与、民間企業の役員の報酬等、当該特定独立行政法人（国立大学法人等）の業務の実績その他の事情を考慮して定められなければならない。
（国立大学法人評価委員会の意見の申出）
第五十三条　文部科学大臣は、前条第二項の規定による届出があったときは、その届出に係る報酬等の支給の基準を国立大学法人評価委員会に通知するものとする。
2　国立大学法人評価委員会は、前項の規定による通知を受けたときは、その通知に係る報酬等の支給の基準が社会一般の情勢に適合したものであるかどうかについて、文部科学大臣に対し、意見を申し出ることができる。
（役員の兼職禁止）

第六十一条　特定独立行政法人以外の独立行政法人（国立大学法人等）の役員（非常勤のものを除く。）は、在任中、任命権者の承認のある場合を除くほか、営利を目的とする団体の役員となり、又は自ら営利事業に従事してはならない。

（職員の給与等）

第六十三条　特定独立行政法人以外の独立行政法人（国立大学法人等）の職員の給与は、その職員の勤務成績が考慮されるものでなければならない。

2　特定独立行政法人以外の独立行政法人（国立大学法人等）は、その職員の給与及び退職手当の支給の基準を定め、これを文部科学大臣に届け出るとともに、公表しなければならない。これを変更したときも、同様とする。

3　前項の給与及び退職手当の支給の基準は、当該独立行政法人（国立大学法人等）の業務の実績を考慮し、かつ社会一般の情勢に適合したものとなるように定められなければならない。

衆院付帯決議

九　職員の身分が非公務員とされることによる勤務条件等の整備については、教育研究の特性に配意し、適切に行われるよう努めること。また、大学の教員等の任期に関する法律の運用に当たっては、教育研究の進展に資するよう配慮すること。

参院付帯決議

十五　法人化に伴う労働関係法規等への対応については、法人の成立時に違法状態の生ずることのないよう、財政面その他必要な措置を講ずること。また、法人への移行後、新たに必要とされる雇用保険等の経費については、運営費交付金等により確実に措置すること。

二十　職員の身分が非公務員とされることによる勤務条件等の整備については、教育研究の特性に配意し、適切に行われるよう努めること。また、大学の教員等の任期に関する法律の運用に当たっては、選択的限定的任期制という法の趣旨を踏まえ、教育研究の進展に資するよう配慮するとともに、教員等の身分保障に十分留意すること。

二十一　法人への移行に際しては、「良好な労働関係」という観点から、関係職員団体等と十分協議が行われるよう配慮すること。

第五章　雑則

（報告及び検査）

第六十四条　文部科学大臣は、この法律を施行するため必要があると認めるときは、独立行政法人（国立大学法人等）に対し、その業務並びに資産及び債務の状況に関し報告をさせ、又はその職員に、独立行政法人（国立大学法人等）の事務所に立ち入り、業務の状況若しくは帳簿、書類その他必要な物件を検査させることができる。

2　前項の規定により職員が立入検査をする場合には、その身分を示す証明書を携帯し、関係人にこれを提示しなければならない。

3　第一項の規定による立入検査の権限は、犯罪捜査のために認められたものと解してはならない。

通則法準用

（違法行為等の是正）

第六十五条　文部科学大臣は、独立行政法人（国立大学法人等）又はその役員若しくは職員の行為がこの法律、国立大学法人法若しくは他の法令に違反し、又は違反するおそれがあると認めるときは、当該独立行政法人（国立大学法人等）に対し、当該行為の是正のため必要な措置を講ずることを求めることができる。

2　独立行政法人（国立大学法人等）は、前項の規定による文部科学大臣の求めがあったときは、速やかに当該行為の是正その他の必要と認める措置を講ずるとともに、当該措置の内容を文部科学大臣に報告しなければならない。

（解散）

第六十六条　独立行政法人（国立大学法人等）の解散については、別に法律で定める

（独立行政法人通則法の規定の準用）

第三十五条　独立行政法人通則法第三条、第七条第二項、第八条第一項、第九条、第十一条、第十四条から第十七条まで、第二十四条から第二十六条まで、第二十八条、第三十一条から第四十条まで、第四十一条第一項、第四十二条から第五十条まで、第五十二条、第五十三条、第六十一条及び第六十三条から第六十六条までの規定は、国立大学法人等について準用する。この場合において、これらの規定中「主務大臣」とあるのは「文部科学大臣」と、「主務省令」とあるのは「文部科学省令」と、「評価委員会」とあり、及び「当該評価委員会」とあるのは「国立大学法人評価委員会」と読み替えるほか、次の表の上欄に掲げる同法の規定中同表の中欄に掲げる字句は、それぞれ同表の下欄に掲げる字句に読み替えるものとする。

読み替えられる独立行政法人通則法の規定	読み替えられる字句	読み替える字句
第三条第三項	個別法	国立大学法人法
第十四条第一項	長（以下「法人の長」という。）	学長（大学共同利用機関法人にあっては、機構長。以下同じ。）
第十四条第二項	法人の長	学長
	この法律	国立大学法人法
第十四条第三項	第二十条第一項	国立大学法人第十二条第七項（大学共同利用機関法人にあっては、同法第二十六条において準用する同項）
	法人の長	学長
第十五条第二項、第十六条及び第二十四条から第二十六条まで	法人の長	学長
第二十八条第二項	主務省令（当該独立行政法人を所管する内閣府又は各省の内閣府令又は省令をいう。以下同じ。）	文部科学省令
第三十一条第一項	前条第一項	国立大学法人第三十一条第一項
	中期計画	同項に規定する中期計画（以下「中期計画」という。）

第三十一条第二項	前条第一項の認可を受けた後	国立大学法人法第三十一条第一項の認可を受けた後
第三十三条	中期目標の期間	国立大学法人法第三十条第一項に規定する中期目標（以下「中期目標」という。）の期間
第三十四条第二項	考慮して	考慮するとともに、独立行政法人大学評価・学位授与機構に対し独立行政法人大学評価・学位授与機構法（平成十五年法律第百十四号）第十六条第二項に規定する国立大学及び大学共同利用機関の教育研究の状況についての評価の実施を要請し、当該評価の結果を尊重して
第三十八条第二項	監事の意見（次条の規定により会計監査人の監査をうけなければならない独立行政法人にあっては、監事及び会計監査人の意見。以下同じ）	監事及び会計監査人の意見
第三十八条第四項	及び監事	並びに監事及び会計監査人
第三十九条	独立行政法人（その資本の額その他の経営の規模が政令で定める基準に達しない独立行政法人を除く。）	国立大学法人等

第四十一条第一項	監査法人でなければならない	監査法人であることを要し、その欠格事由については、会社法第二百三十七条第三項の規定を準用する。この場合において、同項第一号中「第四百三十五条第二項に規定する計算書類」とあるのは、「国立大学法人法第三十五条第二項において準用する独立行政法人通則法第三十八条第一項に規定する財務諸表」と読み替えるものとする。
第四十四条第三項	第三十条第一項	国立大学法人法第三十一条第一項
第四十四条第五項	個別法で定める	国立大学法人法第三十二条で定めるところによる
第四十五条第一項	第三十条第二項第四号	国立大学法人法第三十一条第二項第四号
第四十五条第五項	個別法に別段の定めがある	国立大学法人法第三十三条第一項又は第二項の規定による
第四十八条第一項	第三十条第二項第五号	国立大学法人法第三十一条第二項第五号
第五十条	この法律及びこれ	この法律及び国立大学法人法並びにこれら

第五十二条第三項	実績及び中期計画の第三十条第二項第三号の人件費の見積り	実績
第六十五条第一項	個別法	国立大学法人法

（平成一七法八七・一部改正）

（財務大臣との協議）

第三十六条　文部科学大臣は、次の場合には、財務大臣に協議しなければならない。

一　第七条第四項の規定により基準を定めようとするとき、又は同条第八項の規定により金額を定めようとするとき。

二　第二十二条第二項、第二十九条第二項、第三十一条第一項、第三十三条第一項、第二項若しくは第六項若しくは第三十四条第一項又は準用通則法第四十五条第一項ただし書若しくは第二項ただし書若しくは準用通則法第四十八条第一項の規定による認可をしようとするとき。

三　第三十条第一項の規定により中期目標を定め、又は変更しようとするとき。

四　第三十二条第一項又は準用通則法第四十四条第三項の規定による承認をしようとするとき。

五　準用通則法第四十七条第一号又は第二号の規定による指定をしようとするとき。

（他の法令の準用）

第三十七条　教育基本法（平成十八法律第百二十号）その他政令で定める法令については、政令で定めるところにより、国立大学法人等を国とみなして、これらの法令を準用する。

2　博物館法（昭和二十六年法律第二百八十五号）その他政令で定める法令については、政令で定めるところにより、国立大学法人等を独立行政法人通則法第二条第一項に規定する独立行政法人とみなして、これらの法令を準用する。

（平成十八・法一二〇・一部改正）

第六章　罰則

第三十八条　第十八条（第二十六条において準用する場合を含む。）の規定に違反して秘密を漏らした者は、一年以下の懲役又は五十万円以下の罰金に処する。

第三十九条　準用通則法第六十四条第一項の規定による報告をせず、若しくは虚偽の報告をし、又は同項の規定による検査を拒み、妨げ、若しくは忌避した場合には、その違反行為をした国立大学法人の役員若しくは職員又は大学共同利用機関法人の役員若しくは職員は、二十万円以下の罰金に処する。

第四十条　次の各号のいずれかに該当する場合には、その違反行為をした国立大学法人の役員又は大学共同利用機関法人の役員若しくは職員は、二十万円以下の過料に処する。

一　この法律又は準用通則法の規定により文部科学大臣の認可又は承認を受けなければならない場合において、その認可又は承認を受けなかったとき。

二　この法律又は準用通則法の規定により文部科学大臣に届出をしなければならない場合において、その届出をせず、又は虚偽の届出をしたとき。

三　この法律又は準用通則法の規定により公表をしなければならない場合において、その公表をせず、又は虚偽の公表をしたとき。
四　第二十二条第一項に規定する業務以外の業務を行ったとき。
五　第二十九条第一項に規定する業務以外の業務を行ったとき。
六　第三十一条第四項の規定による文部科学大臣の命令に違反したとき。
七　準用通則法第九条第一項の規定による政令に違反して登記することを怠ったとき。
八　準用通則法第三十三条の規定による事業報告書の提出をせず、又は事業報告書に記載すべき事項を記載せず、若しくは虚偽の記載をして事業報告書を提出したとき。
九　準用通則法第三十八条第四項の規定に違反して財務諸表、事業報告書、決算報告書若しくは監事及び会計監査人の意見を記載した書面を備え置かず、又は閲覧に供しなかったとき。
十　準用通則法第四十七条の規定に違反して業務上の余裕金を運用したとき。
十一　準用通則法第六十五条第二項の規定による報告をせず、又は虚偽の報告をしたとき。

第四十一条　第八条の規定に違反した者は、十万円以下の過料に処する。

附則（抄）

（施行期日）

第一条　この法律は、平成十五年十月一日から施行する。

（学長となるべき者の指名等に関する特例）

第二条 文部科学大臣は、この法律の施行の日において、この法律の施行の際現に附則別表第一の上欄に掲げる大学の学長である者を、それぞれ同表の下欄に掲げる国立大学法人の学長となるべき者として指名するものとする。ただし、当該指名の後に、指名された者以外の者が新たに当該大学の学長となったときは、当該指名された者に代えて、当該学長を国立大学法人の学長となるべき者として指名するものとする。

2　前項に規定する国立大学法人の学長となるべき者の指名については、準用通則法第十四条第三項の規定は、適用しない。

3　文部科学大臣は、附則別表第一の上欄に掲げる大学の学長である者の任期の末日が平成十六年三月三十一日であるときは、準用通則法第十四条第二項の規定にかかわらず、当該大学に設けられた選考会議（学長、副学長及び学部、研究科、大学附置の研究所その他の教育研究上の重要な組織の長（旧設置法（略）廃止前の国立学校設置法（昭和二十四年法律第百五十号）をいう。以下同じ）第七条の三第一項に規定する評議会の評議員その他これに準ずる者を含む。）並びに旧設置法第七条の二第一項に規定する運営諮問会議の委員のうち当該大学が定める者で構成する会議をいう。）において第十二条第七項に規定する者のうちから選考された者を、当該大学の学長の申出に基づき、国立大学法人の成立の日において、同表の下欄に掲げる国立大学法人の学長として任命するものとする。

4　第一項の規定により指名され、準用通則法第十四条第二項の規定により国立大学法人等の成立の時に学長に任命されたものとされる学長の任期は、第十五条第一項の規定にかかわらず、附則別表第一の上欄に掲げる大学の学長としての任期の残任期間と同一の期間とする。

（国立大学法人等の成立）

第三条　別表第一に規定する国立大学法人及び別表第二に規定する大学共同利用機関法人は、準用通則法第十七条の規定にかかわらず、整備法第二条の規定の施行の時に成立する。

2　前項の規定により成立した国立大学法人等は、準用通則法第十六条の規定にかかわらず、国立大学法人等の成立後遅滞なく、政令で定めるところにより、その設立の登記をしなければならない。

（職員の引継ぎ等）

第四条　国立大学法人等の成立の際現に附則別表第一の上欄に掲げる機関の職員である者（略）は、別に辞令を発せられない限り、国立大学法人等の成立の日において、それぞれ同表の下欄に掲げる国立大学法人等の職員となるものとする。

第五条　（略）

第六条　附則第四条の規定により附則別表第一の上欄に掲げる機関（以下「旧機関」という。）の職員が同表の下欄に掲げる国立大学法人等の職員となる場合には、その者に対しては、国家公務員退職手当法（昭和二十八年法律第百八十二号）に基づく退職手当は、支給しない。

2　各国立大学法人等は、前項の規定の適用を受けた当該国立大学法人等の職員の退職に際し、退職手当を支給しようとするときは、その者の国家公務員退職手当法第二条第一項に規定する職員（同条第二項の規定により職員とみなされる者を含む。）としての引き続いた在職期間を当該国立大学法人等の職員としての在職期間とみなして取り扱うべきものとする。

3　（略）

4　（略）

第七条　（略）

（各国立大学法人等の職員となる者の職員団体についての経過措置）

第八条　国立大学法人等の成立の際現に存する国家公務員法第百八条の二第一項に規定する職員団体であって、その構成員の過半数が附則第四条の規定により各国立大学法人等に引き継がれる者であるものは、国立大学法人等の成立の際労働組合法（昭和二十四年法律第百七十四号）の適用を受ける労働組合となるものとする。この場合において、当該職員団体が法人であるときは、法人である労働組合となるものとする。

2　前項の規定により法人である労働組合となったものは、国立大学法人等の成立の日から起算して六十日を経過する日までに、労働組合法第二条及び第五条第二項の規定に適合する旨の労働委員会の証明を受け、かつ、その主たる事務所の所在地において登記しなければ、その日の経過により解散するものとする。

3　第一項の規定により労働組合となったものについては、国立大学法人等の成立の日から起算して六十日を経過する日までは、労働組合法第二条ただし書（第一号に係る部分に限る。）の規定は、適用しない。

（権利義務の承継等）

第九条　国立大学法人等の成立の際現に国が有する権利及び義務（略）のうち、各国立大学法人等が行う第二十二条第一項又は第二十九条第一項に規定する業務に関するものは、政令で定めるところにより、政令で定めるものを除き、当該国立大学法人等が承継する。

2　前項の規定により各国立大学法人等が国の有する権利及び義務を承継したときは、当該国立大学法人等に承継される権利に係る財産で政令で定めるものの価額の合計額から、承継される義務に係る負債で政令で定めるものの価額（国立大学法人にあっては、当該価額に附則第十二条第一項の規定により当該国立大学法人が独立行政法人国立大学財務・経営センター（以下「センター」という。）に対して負担する債務の額を加えた額）を差し引いた額に相当する金額は、政令で定めるところにより、政府から当該国立大学法人等に対し出資されたものとする。

3　前項に規定する財産のうち、土地については、国立大学法人等が当該土地の全部又は一部を譲渡したときは、当該譲渡により生じた収入の範囲内で文部科学大臣が定める基準により算定した額に相当する金額をセンターに納付すべき旨の条件を付して出資されたものとする。

4　文部科学大臣は、前項の規定により基準を定めようとするときは、財務大臣に協議しなければならない。

5　第二項の財産の価額は、国立大学法人等の成立の日現在における時価を基準として評価委員が評価した価額とする。

6　前項の評価委員その他評価に関し必要な事項は、政令で定める。

第十条　国立大学法人等の成立の際、旧特別会計法第十七条の規定に基づき文部科学大臣から旧機関の長に交付され、その経理を委任された金額に残余があるときは、その残余に相当する額は、国立大学法人等の成立の日において各国立大学法人等に奨学を目的として寄附されたものとする。この場合において、当該寄附金の経理に関し必要な事項は、文部科学省令で定める。

第十一条　（略）

（センターの債務の負担等）

第十二条　文部科学大臣が定める国立大学法人は、センターに対し、独立行政法人国立大学財務・経営センター法（平成十五年法律第百十五号）附則第八条第一項第二号の規定によりセンターが承継した借入金債務のうち、当該国立大学法人の施設及び設備の整備に要した部分として文部科学大臣が定める債務に相当する額の債務を負担する。

2　文部科学大臣は、前項の規定により債務を定めようとするときは、財務大臣に協議しなければならない。

3　（略）

4　（略）

5　（略）

（国有財産の無償使用）

第十三条　国は、国立大学法人等の成立の際現に各旧機関に使用されている国有財産であって政令で定めるものを、政令で定めるところにより、各国立大学法人等の用に供するため、当該国立大学法人等に無償で使用させることができる。

2　国は、国立大学法人等の成立の際現に各旧機関の職員の住居の用に供されている国有財産であって政令で定めるものを、政令で定めるところにより、各国立大学法人等の用に供するため、当該国立大学法人等に無償で使用させることができる。

（国の無利子貸付け等）

第十四条　（略）

（旧設置法に規定する大学等に関する経過措置）

第十五条　附則別表第一の上欄に掲げる大学は、国立大学法人の成立の時において、それぞれ同表の下欄に掲げる国立大学法人が第四条第二項の規定により設置する別表第一の第二欄に掲げる国立大学となるものとする。

2　（略）

第十六条　（略）

第十七条から**第二十一条**まで（略）

（政令への委任）

第二十二条　附則第二条及び第四条から前条までに定めるもののほか、国立大学法人等の設立に伴い必要な経過措置その他この法律の施行に関し必要な経過措置は、政令で定める。

附則別表第一、附則別表第二、附則別表第三（略）

別表第一（第二条、第四条、第十条、附則第三条、附則第十五条関係）
（平成一七法四九・平成一九法八九・平成一九法九六・平成二一法一八・一部改正）

国立大学法人の名称	国立大学の名称	主たる事務所の所在地	理事の員数
国立大学法人北海道大学	北海道大学	北海道	七
国立大学法人北海道教育大学	北海道教育大学	北海道	四
国立大学法人室蘭工業大学	室蘭工業大学	北海道	三
国立大学法人小樽商科大学	小樽商科大学	北海道	二
国立大学法人帯広畜産大学	帯広畜産大学	北海道	二
国立大学法人旭川医科大学	旭川医科大学	北海道	四
国立大学法人北見工業大学	北見工業大学	北海道	二
国立大学法人弘前大学	弘前大学	青森県	五
国立大学法人岩手大学	岩手大学	岩手県	四
国立大学法人東北大学	東北大学	宮城県	七
国立大学法人宮城教育大学	宮城教育大学	宮城県	三
国立大学法人秋田大学	秋田大学	秋田県	五
国立大学法人山形大学	山形大学	山形県	五
国立大学法人福島大学	福島大学	福島県	四

国立大学法人茨城大学	茨城大学	茨城県	四
国立大学法人筑波大学	筑波大学	茨城県	八
国立大学法人筑波技術大学	筑波技術大学	茨城県	二
国立大学法人宇都宮大学	宇都宮大学	栃木県	四
国立大学法人群馬大学	群馬大学	群馬県	五
国立大学法人埼玉大学	埼玉大学	埼玉県	四
国立大学法人千葉大学	千葉大学	千葉県	六
国立大学法人東京大学	東京大学	東京都	七
国立大学法人東京医科歯科大学	東京医科歯科大学	東京都	五
国立大学法人東京外国語大学	東京外国語大学	東京都	三
国立大学法人東京学芸大学	東京学芸大学	東京都	四
国立大学法人東京農工大学	東京農工大学	東京都	四
国立大学法人東京芸術大学	東京芸術大学	東京都	四
国立大学法人東京工業大学	東京工業大学	東京都	四
国立大学法人東京海洋大学	東京海洋大学	東京都	四
国立大学法人お茶の水女子大学	お茶の水女子大学	東京都	四
国立大学法人電気通信大学	電気通信大学	東京都	四

国立大学法人一橋大学	一橋大学	東京都	四
国立大学法人横浜国立大学	横浜国立大学	神奈川県	四
国立大学法人新潟大学	新潟大学	新潟県	六
国立大学法人長岡技術科学大学	長岡技術科学大学	新潟県	三
国立大学法人上越教育大学	上越教育大学	新潟県	三
国立大学法人富山大学	富山大学	富山県	六
国立大学法人金沢大学	金沢大学	石川県	六
国立大学法人福井大学	福井大学	福井県	六
国立大学法人山梨大学	山梨大学	山梨県	六
国立大学法人信州大学	信州大学	長野県	六
国立大学法人岐阜大学	岐阜大学	岐阜県	五
国立大学法人静岡大学	静岡大学	静岡県	四
国立大学法人浜松医科大学	浜松医科大学	静岡県	四
国立大学法人名古屋大学	名古屋大学	愛知県	七
国立大学法人愛知教育大学	愛知教育大学	愛知県	四
国立大学法人名古屋工業大学	名古屋工業大学	愛知県	三
国立大学法人豊橋技術科学大学	豊橋技術科学大学	愛知県	三

国立大学法人三重大学	三重大学	三重県	五
国立大学法人滋賀大学	滋賀大学	滋賀県	四
国立大学法人滋賀医科大学	滋賀医科大学	滋賀県	四
国立大学法人京都大学	京都大学	京都府	七
国立大学法人京都教育大学	京都教育大学	京都府	三
国立大学法人京都工芸繊維大学	京都工芸繊維大学	京都府	四
国立大学法人大阪大学	大阪大学	大阪府	八
国立大学法人大阪教育大学	大阪教育大学	大阪府	四
国立大学法人兵庫教育大学	兵庫教育大学	兵庫県	三
国立大学法人神戸大学	神戸大学	兵庫県	八
国立大学法人奈良教育大学	奈良教育大学	奈良県	二
国立大学法人奈良女子大学	奈良女子大学	奈良県	四
国立大学法人和歌山大学	和歌山大学	和歌山県	四
国立大学法人鳥取大学	鳥取大学	鳥取県	五
国立大学法人島根大学	島根大学	島根県	六
国立大学法人岡山大学	岡山大学	岡山県	七
国立大学法人広島大学	広島大学	広島県	七

国立大学法人山口大学	山口大学	山口県	五
国立大学法人徳島大学	徳島大学	徳島県	五
国立大学法人鳴門教育大学	鳴門教育大学	徳島県	三
国立大学法人香川大学	香川大学	香川県	六
国立大学法人愛媛大学	愛媛大学	愛媛県	五
国立大学法人高知大学	高知大学	高知県	六
国立大学法人福岡教育大学	福岡教育大学	福岡県	三
国立大学法人九州大学	九州大学	福岡県	八
国立大学法人九州工業大学	九州工業大学	福岡県	四
国立大学法人佐賀大学	佐賀大学	佐賀県	六
国立大学法人長崎大学	長崎大学	長崎県	六
国立大学法人熊本大学	熊本大学	熊本県	六
国立大学法人大分大学	大分大学	大分県	六
国立大学法人宮崎大学	宮崎大学	宮崎県	六
国立大学法人鹿児島大学	鹿児島大学	鹿児島県	六
国立大学法人鹿屋体育大学	鹿屋体育大学	鹿児島県	二
国立大学法人琉球大学	琉球大学	沖縄県	五

国立大学法人政策研究大学院大学	政策研究大学院大学	神奈川県	二
国立大学法人総合研究大学院大学	総合研究大学院大学	神奈川県	二
国立大学法人北陸先端科学技術大学院大学	北陸先端科学技術大学院大学	石川県	四
国立大学法人奈良先端科学技術大学院大学	奈良先端科学技術大学院大学	奈良県	四

備考

一　政策研究大学院大学、総合研究大学院大学、北陸先端科学技術大学院大学及び奈良先端科学技術大学院大学は、学校教育法第百三条に規定する大学とする。

二　総合研究大学院大学は、大学共同利用機関法人及び独立行政法人宇宙航空研究開発機構との緊密な連係及び協力の下に教育研究を行うものとする。

三　この表の各項の第四欄に掲げる理事の員数が二人である当該各項の第一欄に掲げる国立大学法人が一人以上の非常勤の理事を置く場合における当該国立大学法人に対するこの表の適用については、それぞれ当該各項の第四欄中「二」とあるのは、「三」とする。

別表第二（第二条、第五条、第二十四条、附則第三条関係）

大学共同利用機関法人の名称	研究分野	主たる事務所の所在地	理事の員数
大学共同利用機関法人人間文化研究機構	人間の文化活動並びに人間と社会及び自然との関係に関する研究	東京都	四
大学共同利用機関法人自然科学研究機構	天文学、物質科学、エネルギー科学、生命科学その他の自然科学に関する研究	東京都	五
大学共同利用機関法人高エネルギー加速器研究機構	高エネルギー加速器による素粒子、原子核並びに物質の構造及び機能に関する研究並びに高エネルギー加速器の性能の向上を図る為の研究	茨城県	四
大学共同利用機関法人情報・システム研究機構	情報に関する科学の総合研究並びに当該研究を活用した自然及び社会における諸現象等の体系的な解明に関する研究	東京都	四

著者紹介

大﨑　仁（おおさき　ひとし）

■略歴

1933 年生
1955 年京都大学法学部卒業後、文部省入省。
学術国際局長、高等教育局長、文化庁長官、日本学術振興会理事長等を歴任
2001 年「戦後大学改革の研究」により京都大学博士
現在　人間文化研究機構機構長特別顧問、IDE 大学協会副会長。

■編・著書

編著『戦後大学史』第一法規出版、1988 年
編著『大学紛争を語る』有信堂高文社、1991 年
著書『大学改革 1945 ～ 1999』有斐閣、1999 年

国立大学法人の形成

2011 年 9 月 26 日　初版第 1 刷発行　〔検印省略〕
＊定価はカバーに表示してあります。

著者 © 大﨑　仁　発行者 下田勝司　印刷・製本／中央精版印刷

東京都文京区向丘 1 -20-6　郵便振替 00110-6-37828
〒113-0023　TEL (03)3818-5521　FAX (03)3818-5514
発行所 株式会社 東信堂

Published by TOSHINDO PUBLISHING CO., LTD
1-20-6, Mukougaoka, Bunkyo-ku, Tokyo, 113-0023, Japan
E-mail : tk203444@fsinet.or.jp　http://www.toshindo-pub.com

ISBN978-4-7989-0082-7 C3037

東信堂

大学の自己変革とオートノミー—点検から創造へ　寺﨑昌男　二五〇〇円
大学教育の創造—歴史・システム・カリキュラム　寺﨑昌男　二五〇〇円
大学教育の可能性—教養教育・評価・実践　寺﨑昌男　二五〇〇円
大学は歴史の思想で変わる—FD・評価・私学　寺﨑昌男　二八〇〇円
大学改革　その先を読む　寺﨑昌男　一三〇〇円
大学自らの総合力—理念とFDそしてSD　寺﨑昌男　二〇〇〇円

高等教育質保証の国際比較　羽田貴史・米澤彰純・杉本和弘編　三六〇〇円
大学教育のネットワークを創る—FDの明日へ　京都大学高等教育研究開発推進センター編　松下佳代編集代表　三二〇〇円
ポートフォリオが日本の大学を変える—ティーチング／ラーニング／アカデミック・ポートフォリオの活用　土持ゲーリー法一　二五〇〇円
ティーチング・ポートフォリオ—授業改善の秘訣　土持ゲーリー法一　二〇〇〇円
ラーニング・ポートフォリオ—学習改善の秘訣　土持ゲーリー法一　二五〇〇円
IT時代の教育プロ養成戦略—日本初のeラーニング専門家養成ネット大学院の挑戦　大森不二雄編　二六〇〇円
大学教育を科学する—学生の教育評価の国際比較　山田礼子編著　三六〇〇円
一年次（導入）教育の日米比較　山田礼子　二八〇〇円
初年次教育でなぜ学生が成長するのか—全国大学調査からみえてきたこと　河合塾編著　二八〇〇円
アクティブラーニングでなぜ学生が成長するのか—経済系・工学系の全国大学調査からみえてきたこと　河合塾編著　二八〇〇円
あなたの未来を拓く通信制大学院—日本大学大学院・宮本ゼミの一二年のドキュメント　宮本晃著　一八〇〇円

教育哲学　宇佐美寛　二四〇〇円
大学の授業　宇佐美寛　二五〇〇円
大学授業の病理—FD批判　宇佐美寛　二五〇〇円
授業研究の病理　宇佐美寛　二五〇〇円
大学授業入門　宇佐美寛　一六〇〇円
作文の論理—〈わかる文章〉の仕組み　宇佐美寛編著　一九〇〇円
作文の教育—〈教養教育〉批判　宇佐美寛　二〇〇〇円
問題形式で考えさせる　大田邦郎　二〇〇〇円

〒113-0023　東京都文京区向丘 1-20-6　TEL 03-3818-5521　FAX03-3818-5514　振替 00110-6-37828
Email tk203444@fsinet.or.jp　URL:http://www.toshindo-pub.com/

※定価：表示価格（本体）＋税

東信堂

子ども・若者の自己形成空間—教育人間学の視線から　高橋勝編著　二七〇〇円
教育文化人間論—知の逍遥／論の越境　小西正雄　二四〇〇円
グローバルな学びへ—協同と刷新の教育　田中智志編著　二〇〇〇円
教育の共生体へ—ボディエデュケーショナルの思想圏　田中智志編　三五〇〇円
人格形成概念の誕生—近代アメリカの教育概念史　田中智志　三六〇〇円
社会性概念の構築—アメリカ進歩主義教育の概念史　田中智志　三八〇〇円
教育の自治・分権と学校法制　結城忠　四六〇〇円
教育による社会的正義の実現—アメリカの挑戦（1945-1980）　D・ラヴィッチ著　末藤美津子訳　五六〇〇円
学校改革抗争の100年—20世紀アメリカ教育史　D・ラヴィッチ著　末藤・宮本・佐藤訳　六四〇〇円
国際社会への日本教育の新次元—今、知らねばならないこと　関根秀和編　一二〇〇円
ヨーロッパ近代教育の葛藤—地球社会の求める教育システムへ　関啓子・太田美幸編　三二〇〇円
ミッション・スクールと戦争—立教学院のディレンマ　老川慶喜・前田一男編　五八〇〇円
多元的宗教教育の成立過程—アメリカ教育と成瀬仁蔵の「帰一」の教育　大森秀子　三六〇〇円
協同と表現のワークショップ—学びのための環境のデザイン　編集代表　茂木一司　二四〇〇円
演劇教育の理論と実践の研究—自由ヴァルドルフ学校の演劇教育　広瀬綾子　三八〇〇円
教育の平等と正義　K・ハウ著　大桃敏行・中村雅子・後藤武俊訳　三二〇〇円
オフィシャル・ノレッジ批判—保守復権の時代における民主主義教育　M・W・アップル著　野崎・井口・小暮・池田監訳　三八〇〇円

〈シリーズ　日本の教育を問いなおす〉

拡大する社会格差に挑む教育　西村和雄・大森不二雄　倉元直樹・木村拓也編　二四〇〇円
混迷する評価の時代—教育評価を根底から問う　西村和雄・大森不二雄　倉元直樹・木村拓也編　二四〇〇円
教育における評価とモラル　戸瀬信之　西村和雄編　二四〇〇円

地上の迷宮と心の楽園〔コメニウスセレクション〕　J・コメニウス　藤田輝夫訳　三六〇〇円

〈現代日本の教育社会構造〉（全4巻）

〈第1巻〉教育社会史—日本とイタリアと　小林甫　七八〇〇円

〒113-0023　東京都文京区向丘 1-20-6　TEL 03-3818-5521　FAX03-3818-5514　振替 00110-6-37828
Email tk203444@fsinet.or.jp　URL:http://www.toshindo-pub.com/

※定価：表示価格（本体）＋税